30年分申告・31年度改正対応

キャッチアップ
仮想通貨の最新税務

中央大学教授 酒井克彦［編著］

ぎょうせい

キャッチアップ・シリーズ
はしがき

中央大学教授　酒井　克彦

　税務に携わる者は，経済社会に生起する諸問題に向き合いその実務等への影響を常に考えなければならない。なぜなら，税務とは生きた経済社会を対象とするからであって，税務に携わる者は，いわば経済社会という生ものの調理人としての職人でもある。

　経済社会に生起する諸問題に租税を通じて取り組むことを租税政策というが，我が国の代表的な租税法の教科書は，租税政策学について，「租税制度の全般にわたって，あるいは租税制度の個別の問題点について，法的観点，行政的観点，経済的観点等，種々の観点を総合的に考慮に入れて，現行制度の合理性を検討し，あるいは何が合理的な解決策であり，いかなる制度が採用されるべきであるかを明らかにすることを目的とするもの」と説明している（金子宏『租税法〔第22版〕』33頁（弘文堂2017））。

　租税政策において策定された租税ルールの解釈適用が税理士や租税行政官の役割であるとすれば，当然ながら，租税制度の背景にある最新の情勢を常にキャッチアップすることが求められる。その即時的対応こそが専門家に求められる真の役割というべきであろう。

　この「キャッチアップ・シリーズ」はかような問題関心を出発点として，租税法領域に直接の影響をもたらすと思われる社会経済の変容や法律の改正等に対して，税務の視角からそのインパクトを分析し解説を行うことを目的として企画したものである。

仮想通貨の最新税務
は し が き

　仮想通貨の歴史は浅い。

　歴史が浅く，仮想通貨の法的性格がいまだ明確に確定されていないとしても，既に仮想通貨取引は始まっており，その経済規模は決して無視することのできるものではない。

　他方，資金決済に関する法律が平成28年（2016年）6月に改正された（平成28年6月3日法律第59号）。そこでは，仮想通貨の支払決済手段としての意義が確認されたといってもよかろう。これを受けて，消費税法上のルールが改正され，仮想通貨の譲渡に係る消費税が非課税とされた。すなわち，消費税法施行令9条《有価証券に類するものの範囲等》4項は，「法別表第1第2号に規定する支払手段に類するものとして政令で定めるものは，資金決済に関する法律…第2条第5項《定義》に規定する仮想通貨…とする。」としたのである。

　しかしながら，資金決済に関する法律は，あくまでも業法的規制としての公法上のルールであって，実体法たる私法によって仮想通貨の法的性質が決定されたわけでは決してない。

　業法のような公法ルールは，そもそもの法の趣旨目的が極めて政策的なものと位置付けられるが故に，例えば，解釈論上，公法で使用されている概念をそのまま借用概念として理解することには制約があると解されている。それと同様に，私法上の実体法的ルールが確定していない中にあって，租税法がかかる業法ルールに従わなければならない積極的な理由はない。加えて，消費税法上の取扱いが所得税法上のルールにまでその影響を伝播しており，いよいよ租税法領域においては，「仮想通貨とは支払決済手段である。」との結論が確定したかのような誤解さえ広まっているのが現状ではなかろうか。

　もっとも，そのように考えることができるほどに仮想通貨が多様性を持たず，一律に性格付けを行うことが可能であれば，それほど問題視する必要はないのかもしれない。しかし，実際問題として，仮想通貨の種類は2,000以上もあり（もっとも，捉えようによっては正確な数すら把握できないといってよいかも

しれない。)，また，その用途も多様である。支払決済手段として保有する者もいれば，投機のみを目的として保有する者もいるであろう。これは仮想通貨が，支払決済手段として疑いのない機能が備わっている法定通貨とは明らかに異なることを意味しよう。

　このような仮想通貨については疑問がいくらでも湧出する。そして，現状それに対する答えを必ずしも一つに絞ることができない論点も多々あろう。しかしながら，かかる疑問に対する一定の判断ができなければ，本書の読者として想定するところの租税専門家に有益な情報を提供したことにならない。そこで，本書は，今日的に入手できる情報を基に（国税庁の情報が中心となるが），課税上の問題が想定される事例を検討することで，実務の参考となるように配意して構成を考えた。

　繰り返しになるが，仮想通貨を巡る立法手当や解釈は流動期にあるといっても過言でない状況であるから，湯水のように湧き出る疑問が所在することを念頭に置いた上で，可能な限り実務的な観点を意識して筆を執ったものである。

　税理士等の租税専門家は，この新しい取引形態に直面していかなる対応をすべきであろうか。本書は，かような問題関心に基づき，私が主宰する一般社団法人アコード租税総合研究所の構成メンバーが学術的な知見を基に，実務的な視角からこれを論じたものである。テーマに沿ったそれぞれの見解は各執筆者の責めに帰するところであり，必ずしも研究所の統一見解ではないが，上述した問題意識は各執筆者に強く共通するものである。是非，実務の参考にしていただきたい。

　本書の企画は，㈱ぎょうせいのご提案によるものである。アコード租税総合研究所の研究へのご理解に深く感謝申し上げたい。また，本書の校正作業においては，アコード租税総合研究所の佐藤総一郎事務局長にご尽力いただいた。秘書の手代木しのぶさんには，このたびも表紙のデザイン案を使わせていただいた。ここに深く御礼申し上げたい。

平成31年1月

酒井　克彦

目次

はしがき

仮想通貨の最新税務―序章 …………………………………………… 1

第1章 入門編

● 仮想通貨・ビットコインの基礎知識 …………………………… 4

- Q1 仮想通貨・ビットコインとはどのようなものなのでしょうか／4
- Q2 ビットコインはどのような技術によって成り立っているのでしょうか／8
- Q3 仮想通貨交換所はどのような業務を取り扱っているのでしょうか／15
- Q4 ICO（Initial Coin Offering）とはどのようなものなのでしょうか／19
- Q5 「仮想通貨」に関する消費者被害にはどのようなものがあるのでしょうか／22

第2章 実務編

Ⅰ 仮想通貨と所得税 ………………………………………………26

- Q1 仮想通貨に関する所得税法上の考え方／26
- Q2 仮想通貨の現金化／28
- Q3 仮想通貨に係る所得に対する課税／31
- Q4 仮想通貨による商品の購入／35
- Q5 仮想通貨の交換／37
- Q6 仮想通貨の取得価額／38
- Q7 年間報告書／44
- Q8 譲渡に係る損失の取扱い／49
- Q9 仮想通貨の分裂／52

v

- **Q10** マイニング／54
- **Q11** 国外転出時課税制度等の適用／55

Ⅱ 仮想通貨と法人税 …………59

- **Q1** 仮想通貨に関する法人税法上の考え方／59
- **Q2** 仮想通貨の取得価額／61
- **Q3** 仮想通貨の期末評価／63
- **Q4** 仮想通貨の1単位当たりの帳簿価額の計算／66
- **Q5** 仮想通貨の売却損益の認識／69
- **Q6** 仮想通貨での資産の購入及び仮想通貨の交換／71
- **Q7** 仮想通貨のマイニングによる取得／74
- **Q8** 仮想通貨による証拠金取引／76

Ⅲ 仮想通貨と消費税 …………78

- **Q1** 仮想通貨取引の消費税法上の取引分類／78
- **Q2** 購入・売却・期末評価／84
- **Q3** 課税売上割合の計算／87
- **Q4** 基準期間における課税売上高／89
- **Q5** 仮想通貨の範囲／91

Ⅳ 仮想通貨と相続税・贈与税 …………93

- **Q1** 仮想通貨に関する相続税法上の考え方／93
- **Q2** 仮想通貨のパスワードが不明な時／95
- **Q3** 仮想通貨の相続税・贈与税の評価／97
- **Q4** 仮想通貨の所在地／99
- **Q5** 仮想通貨の処分と取得費加算の適用／101
- **Q6** 仮想通貨の物納／102

第3章　理論編

I 仮想通貨の法的性質 …………………………………………………106

1 問題の所在／106
1　はじめに―実定法の議論／106
2　資金決済法上の「仮想通貨」の定義／106
3　「仮想通貨」概念の多様性／107
4　「仮想通貨自体」と「保管委託した仮想通貨」／108
5　「経済的機能」と「法的性質」／109

2 仮想通貨の私法上の性質／110
1　仮想通貨が該当する法概念／110
2　仮想通貨が該当しない法概念／110
3　仮想通貨の「準物権的構造」による仮想通貨の保有／112

3 仮想通貨をめぐる法律関係／113
1　仮想通貨自体の法平面／113
2　対外的債権関係の法平面／114
3　仮想通貨の契約等に基づく取引の法平面／115
4　仮想通貨取引の準物権的変動の法平面／115
5　不正行為者等第三者との法律関係／116

4 仮想通貨交換業者をめぐる法律関係／119
1　問題の所在／119
2　仮想通貨の管理の法的性質／119
3　分別管理と倒産法との関係／121

5 仮想通貨に関する民事執行法上の取扱い／121
1　第一次的仮想通貨自体／121
2　仮想通貨交換業者を通じた間接支配の場合／122

II 諸外国における仮想通貨の課税上の取扱い ……………………125

1　アメリカ／125
2　イギリス／127
3　オーストラリア／129

- 4 カナダ／138
- 5 シンガポール／139
- 6 デンマーク／142

Ⅲ 仮想通貨と会計処理 …………………………………………………145

- 1 本実務対応報告の背景／146
  - 1 資金決済法の改正と監査の制度化／146
  - 2 本実務対応報告／148
- 2 本実務対応報告の概要／148
  - 1 目的と性格／148
  - 2 適用範囲／149
- 3 残された会計上の論点／158
  - 1 マイニング（採掘）／158
  - 2 ICO（Initial Coin Offering）／160
- 4 法人税法と本実務対応報告／162

Ⅳ 仮想通貨税制の課題と展望 …………………………………………167

- 1 仮想通貨税制の整備／168
- 2 仮想通貨の現在／169
  - 1 仮想通貨のボリューム感／169
  - 2 分散化の仕組み／171
- 3 税制上の取扱い／172
  - 1 仮想通貨に関する税務上の取扱い／172
  - 2 解釈論の現状／173
- 4 税制改正の方向性／173
  - 1 当局による情報照会／173
  - 2 課税関係の整備／175
  - 3 検討／177

第4章　対談編

Ⅰ　仮想通貨取引と税制インフラ整備 …………………………180

- ① 業界としてのこれまでの取組み／180
- ② 国内の状況／182
- ③ 法的インフラの在り方・行政における思考転換の必要性／188
- ④ 租税法上の問題点／192
  - 1　雑所得という所得区分／192
  - 2　総合課税／196
  - 3　マイクロトランザクション／198

Ⅱ　仮想通貨の実務最前線〜国税庁FAQを踏まえて〜 ………204

- ① 仮想通貨の申告実務／204
- ② 仮想通貨の資産性／208
- ③ 仮想通貨の所得区分／213
- ④ "締付け"路線の経緯と現状／217
- ⑤ インフラ整備の必要性と「仮想通貨取引所」の役割／220
- ⑥ ICOの課税問題／223
- ⑦ 仮想通貨の定義／226
- ⑧ 「仮想通貨」のこれから／229

あとがき／232

凡　例

　本書では，本文中は原則として正式名称を用い，主に（　）内において下記の略語を使用している。
　また，読者の便宜を考慮し，判決・条文や文献の引用において，漢数字等を算用数字に変え，「つ」等の促音は「っ」と小書きしている。
　なお，下線部分は特に断りのない限り筆者が付したものである。

〔法令・通達〕
所　法……所得税法
所　令……所得税法施行令
法　法……法人税法
法　令……法人税法施行令
法基通……法人税基本通達
消　法……消費税法
消　令……消費税法施行令
消基通……消費税法基本通達
相　法……相続税法
相　令……相続税法施行令
相基通……相続税法基本通達
評基通……財産評価基本通達
措　法……租税特別措置法
資金決済法……資金決済に関する法律

〔判例集・雑誌〕
民　集……最高裁判所民事判例集
行　集……行政事件裁判例集
判　時……判例時報
判　タ……判例タイムズ
税大論叢……税務大学校論叢

仮想通貨の最新税務―序章

　仮想通貨は「通貨」なのであろうか。支払決済手段としての性質を有しているのか，資産としての性質を有しているのか。「仮想通貨」という言い方はその本質を表してはおらず，仮想というよりもむしろ暗号的なものであるから，「暗号通貨」というべきではないか。そもそも，通貨とはいえないのではないか。そうであるとすれば，「暗号資産」とでもいうべきではないか…。

　仮想通貨を取り巻く問題の出発点には，上記のような，そのネーミングからして議論がある。このことは，仮想通貨という新たに登場したものの本質が必ずしも明確ではないことを如実に表しているといえよう。

　そのような法的性質を決定しづらい不安定な中にあっても，実際の経済活動としての仮想通貨取引は待ってくれない。かかる取引から多額の利益を上げる者もいれば，多額の損失を被る者もいる。マイニング業に参入する業者が多かったかと思えば，しばらくすると，それらの業者の撤退もまた激しいのが現状である。

　経済は常にリスクと隣り合わせである。スタートアップの事業や新興産業では更にそのリスクは大きいものとなる。かかる経済の発展や安定的な運営にリスクが障壁となるとすれば，多くの市場参加者はかかるリスクをいかにヘッジするかに最大の関心を抱くことになろう。また，価格不安定に係るリスクや投資勧誘に伴う様々な投資者保護にまつわるリスクに加えてそこに租税リスクがあるとすれば，そのリスクを排除することが租税法律関係における関心事項となる。

　さて，かかるリスクを排除することができるのは誰であろうか。それは税理士等の租税専門家の手によるほかはないであろう。

　税務上の取扱いが不明であるとすれば，それは経済取引にとって大きなリスクである。具体的にいえば，単純に税金がかかるリスクにとどまらず，選択した税務上の取扱いにつき，更正処分を受けるリスクこそがそこでの最大の問題である。

そこで，仮想通貨に係る租税リスクを排除するために，アコード租税総合研究所のメンバーで検討をすることとし，リスク要因である予測不可能性を少しでも減じるために議論を展開することとした。それが本書である。
　以下，簡単に本書の構成を見ておくこととする。

第1章では，仮想通貨の入門編として，仮想通貨回りの知識の整理を行っている。
第2章では，実務編として，所得税，法人税，消費税，相続税・贈与税の各論について，Q&A方式を使って分かりやすく解説している。
第3章では，理論編として，仮想通貨の法的性質，諸外国の取扱い，会計処理や今後の課題と展望を論じている。
第4章では，仮想通貨に直接関わりを持つ実務専門家と小職の対談を通じて問題点の炙り出しを行っている。

　読者の用途に応じた活用をしていただきたいが，できれば，体系的理解のためにも各税目間の取扱いの異同を認識いただけるよう通覧することをお勧めしたい。

［酒井　克彦］

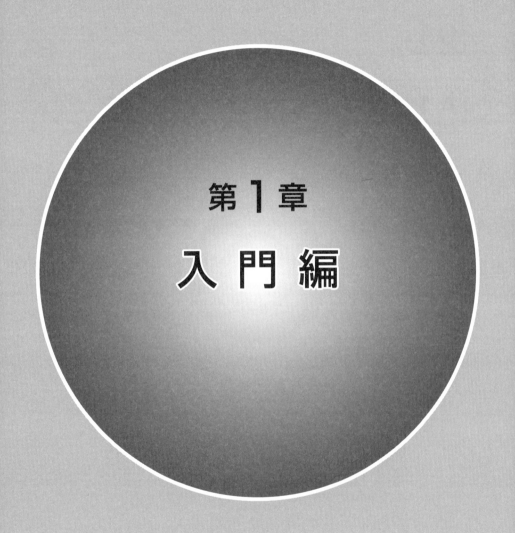

仮想通貨・ビットコインの基礎知識

Q1 仮想通貨・ビットコインとはどのようなものなのでしょうか。

A1 仮想通貨とは，通貨のように流通するバーチャルな経済的価値のことであり，ビットコインはその代表例です。

1 仮想通貨とは何か

(1) 仮想通貨の定義と実例

　仮想通貨とは，ビットコイン，イーサリアム，リップルなどを代表例とし，紙幣・貨幣のような物を前提とすることなく，不特定の者の間で通貨のように転々流通するバーチャルな経済的価値のことである。

　今日，世界で流通している仮想通貨は，約2,000種類以上とされている[*1]。とりわけ，ビットコインの時価総額は，平成31年（2019年）1月17日時点で6兆円を超えるとされており，仮想通貨の代表格としての地位にある【図表－1】。

　他方，仮想通貨は，その激しい値動きゆえに，投機の対象として世間の関心を集めている。例えば，ビットコインの売買相場は，平成29年（2017年）初頭に1BTC＝11万円程度であったところ，同年11月に100万円，12月に200万円を超えることとなった。その後，平成30年（2018年）にはおおむね70万円台で推移していたが，平成31年（2019年）1月には40万円前後に下落するに至っている。

[*1] 一般社団法人日本仮想通貨交換業協会「仮想通貨取引についての現状報告」（金融庁「仮想通貨交換業等に関する研究会」（第1回）資料3）[https://www.fsa.go.jp/news/30/singi/20180410-3.pdf] 3頁では，約1,500種類以上とされていたが，Coin Market Capなどでは，約2,000種類以上の存在が確認できる。

図表－1

No.	仮想通貨名	時価総額(億円)	取引所平均価格(円)
1	Bitcoin	69,338	396,540.86
2	Ripple	14,650	35.70
3	Ethereum	13,942	13,351.84
4	Bitcoin Cash	2,454	13,964.66
5	EOS	2,404	265.25
6	Tether	2,212	110.74
7	Stellar	2,210	11.55
8	Litecoin	2,047	3,408.73
9	TRON	1,772	2.66
10	Bitcoin SV	1,476	8,400.41
11	Cardano	1,287	4.96
12	IOTA	898	32.29
13	Binance Coin	871	673.97
14	Monero	837	5,004.24
15	Dash	663	7,731.31
16	NEM	557	6.19
17	NEO	543	834.70
18	Ethereum Classic	507	471.61
19	Maker	359	49,252.50
20	USD//Coin	350	110.20

（出典：https://www.morningstar.co.jp/）　※2019年1月17日現在

　なお，法令上は，「資金決済に関する法律」（以下「資金決済法」という。）2条5項において，次のとおり「仮想通貨」が定義されている。

一　物品を購入し，若しくは借り受け，又は役務の提供を受ける場合に，これらの代価の弁済のために不特定の者に対して使用することができ，かつ，不特定の者を相手方として購入及び売却を行

うことができる財産的価値（電子機器その他の物に電子的方法により記録されているものに限り，本邦通貨及び外国通貨並びに通貨建資産を除く。次号において同じ。）であって，電子情報処理組織を用いて移転することができるもの
二　不特定の者を相手方として前号に掲げるものと相互に交換を行うことができる財産的価値であって，電子情報処理組織を用いて移転することができるもの

(2) 他の決済手段との相違点

　日本円などの「通貨」との相違点としては，紙幣や硬貨のような有体物を前提とせず電子データによる記録をもって保有者が特定されることや，強制通用力（債務者がその通貨を決済手段として使用する場合に，債権者がその受取を拒否できないとされること）を有していないことが挙げられる。

　また，電子データによる記録がなされる点では，「電子マネー」や「ポイント」に類似する性質を有している。もっとも，「電子マネー」や「ポイント」が使用できる相手方がこれらの発行企業と加盟店契約を締結している加盟店に限定されるのに対し，仮想通貨は，加盟店契約の締結を前提とせず，不特定の者に対して送金などの取引を行うことができる点が異なる。また，一般的な「電子マネー」や「ポイント」は，1ポイント1円などと通貨建てでその価値が表示されるのに対し，仮想通貨については，取引相場が形成されてはいるものの，固定額の通貨で価値を表示できるものではないのが通常である。

　このように，仮想通貨は，「通貨」「電子マネー」「ポイント」などの既存の決済手段と類似の経済的機能を有する一方，これらのいずれとも異なる新しい財産なのである。

2　ビットコインとは何か

　次に，仮想通貨の代表例とされるビットコインについて解説する。

(1) ビットコインの起源

　ビットコインは，2008年11月に，国籍，性別，年齢の全てが不明のサトシ・ナカモトと名乗る人物が作成した論文"Bitcoin：A Peer-to-Peer Electronic CashSystem"を起源とする仮想通貨である。この論文をもとにした暗号技術者による議論を経て，2009年1月に最初のブロックが形成され，ビットコインの発行や取引が始まったといわれている。1 BTCを取引の基本単位としているが，1未満の単位での取引も可能である。

(2) ビットコイン取引を始める方法

　一般の個人がビットコインの取引を始めるには，後述の仮想通貨交換所のいずれかに，ビットコイン取引を行うためのアカウント（ウォレット）を開設することが最も簡単である。

　アカウント（ウォレット）とは，ビットコインを保管するための銀行口座ないし財布に相当するものである。

　アカウント（ウォレット）の開設手続は，銀行口座の開設時と同様に，仮想通貨交換所に所定の事項を申告したり本人確認書類を送付したりする方法で完了する。ただし，支店の窓口で担当者の説明を受けながら手続を進めることができる銀行などとは異なり，インターネット上のサイトでの手続となることが多い。

　なお，仮想通貨交換所が提供するアカウント（ウォレット）を使用せず，ハードウェアウォレットと呼ばれる機器にビットコインを保管しておき，取引の都度USBケーブルでパソコンに接続するなどの方法によることも可能である。ハードウェアウォレットを使用する場合，仮想通貨交換所がサイバー攻撃を受けるなどの理由でビットコインを喪失するリスクは回避できるが，自らが保有するパソコンのウイルス感染などに備える必要が別途生じる。

(3) ビットコインの長所と課題

① 長所

　ビットコインの長所は，これまでの為替取引の仕組みを使用せずに送

金と同様の経済的価値の移転を行うことができる点である。

　銀行を通じた送金（為替取引）は，銀行に対する手数料の支払を必要とし，国際送金の場合は決済完了までに数日から数週間程度の時間を要するのが一般的である。

　これに対し，ビットコインを使用すると，ビットコインアドレスなどの必要な情報とインターネットがあれば，銀行を介さず，また国境などの物理的な距離を問題とすることなく，移転させるビットコイン相当の経済的価値を第三者に移転させることが可能となる。手数料も，一般に銀行に支払う手数料よりは安価となる傾向にある。

② 課題

　他方，ビットコインによる取引については，銀行間の送金に比べるとマネーロンダリング対策の整備が追い付いておらず，マネーロンダリングやテロ資金供与などに利用される懸念が指摘されている。

　また，相場の変動幅が大きく，価値の貯蔵や決済手段としての利用を躊躇させる経済環境にあることも，さらなる普及に向けた障害になっている。

　さらに，近時は，ビットコインの取引量の増大に伴い，PoWによるブロックの承認（詳細は **Q2** で解説する。）に10分から60分程度の時間を要する状況となっており，即時の決済完了が求められる取引において使用が難しい状況となっている。

　ビットコインでの代金決済導入を検討している小売店の立場では，これらの課題が決済サービスを提供する事業者においてどのように解決されているかに注意した上で，導入の可否を決定すると良いだろう。

Q2　ビットコインはどのような技術によって成り立っているのでしょうか。

A2　ビットコインを支える主な技術としては，ブロックチェーンとマイニングを挙げることができます。

1　ビットコインを支える技術としてのブロックチェーンとマイニング

ビットコインの主な特徴として，以下の2つを挙げることができる。
・ブロックチェーン【用語1】を用いて取引履歴が記録，管理されること
・特定の発行者が存在せず，不特定多数のマイナー【用語2】が行うマイニングによって新しいビットコインが発行（採掘）されること

【用語①】　ブロックチェーン

　P2P（後述③）のネットワーク接続と，電子署名（後述⑥）を用いた暗号技術を組み合わせることによって，取引情報を特定のサーバーが集中的に管理するのではなく，ノード（後述④）による取引情報の分散管理を可能とする技術。

　取引情報の記録にあたり，一定数量の取引記録の集合で構成されるブロックをチェーン（鎖）のようにつなぎ合わせていくことが，ブロックチェーンの名称の由来である。

【用語②】　マイナー

　ビットコイン・ブロックチェーンのつなぎ合わせの際に必要となる承認手続（Proof of Work。後述⑦）を行うノード（後述④）のこと。

　承認手続の報酬として，新たなビットコインが発行され，マイナーに付与される。

　承認手続に必要となる計算作業の大変さと，その作業により報酬を得ることができる点を鉱山の採掘（マイニング：mining）に見立てて，当該ノードをマイナー（採掘する人：miner）と呼ぶことが多い。

なお，冒頭で紹介したビットコインの「分裂」は，マイナー間でビットコインの仕様をめぐる意見の対立があり，2つのチェーンが互換性のない形で併存する状態（ハードフォーク）となったことが原因となって生じたものである。

以下，ブロックチェーンの仕組みに即して説明する。

2　ブロックチェーンによる取引履歴の記録，管理

ブロックチェーンを用いた取引履歴（トランザクション情報）の記録，管理は，具体的には以下のような方法で行われる。

(1)　P2Pネットワークによる接続

ブロックチェーンのトランザクション情報の記録，管理を行うのは，ブロックチェーンネットワークにP2P【用語3】で接続した不特定多数のノード【用語4】である。

【用語③】　P2P
　特定のソフトウェアをインストールした複数のコンピュータを相互に接続すること。P2Pで構成されるネットワークの特徴は，参加者相互が対等な関係で接続される点とされる。

【用語④】　ノード
　ブロックチェーンを形成するネットワークに参加している各端末。一般的なパーソナルコンピュータがノードとなることも一応可能であるが，取引量やマイナーの増加により，今日では容量の大きいサーバーがノードとなる例が多い。

それぞれのノードは，生成されたトランザクション情報を各々独立に

記録する。それとともに，ノード間をＰ２Ｐで接続するネットワークによって各ノードを同期させることで，各ノードに記録された情報が矛盾しないように更新されていく仕組みとなっている。

このような不特定多数のノードによる取引履歴の管理は，特定のサーバーに正規の台帳が記録されることを前提としていた従前の銀行や電子マネーの中央集権型システムとは設計思想が全く異なるものである【図表－２】[*2]。

特定のサーバーによる中央集権的な台帳管理と対比する概念として，分散型管理台帳（DLT : Distributed Ledger Technology）とも呼ばれる。

中央集権的なサーバー管理では，サーバーダウンによる取引停止を避けるためのメンテナンス，取引記録の消失を避けるためのバックアップ，不正アクセス等による取引データの改ざんを防ぐためのセキュリティ対策が重要となるところ，分散型管理台帳については，これらに要するコストを大幅に節約できることがメリットであるとされている。

(2) ノードによる記録，同期

図表－２

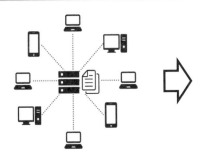

中央集権型システム
（従来システム）

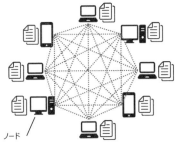

ブロックチェーン技術を
活用したシステム

ノード

[*2] 経済産業省商務情報政策局情報経済課「ブロックチェーン技術を活用したシステムの評価軸 ver.1.0【概要版】」（経済産業省平成28年（2016年）３月29日付けニュースリリース）１頁。

ノードによる具体的な記録方法は、次のとおりである。

例えば、「A氏（ビットコインアドレス【用語5】「123abc…」）がB氏（ビットコインアドレス「345xyz…」）に1BTC（ビットコインの単位）を送金する」という取引が行われ、1つのノードに記録されたとする。

すると、この取引（トランザクション）を記録したノードは、「xyz123からzyx456に1BTCを送金する」とのトランザクション情報をP2Pネットワーク全体に向けて発信する。

【用語⑤】 ビットコインアドレス

ビットコインの保有者を特定するための記号、ID。ビットコインのブロックチェーンでは、電子署名に使用する公開鍵をもとにビットコインアドレスが生成されることとなる。

ノードが発信したトランザクション情報が真正なものか（第三者に改ざんされていないか）は、発信するトランザクション情報に電子署名【用語6】を行うことによって担保する。

【用語⑥】 電子署名

公開鍵および秘密鍵を利用することにより、トランザクション情報が改ざんされたものでないことを証明する技術である。

まず、ノードは、(i)トランザクション情報の元データ、(ii)元データのハッシュ値を秘密鍵で暗号化したものおよび(iii)公開鍵を発信する。

これらの情報を受信したノードは、まず、(i)の元データについて、送信者が用いたのと同じハッシュ関数を用いて(i)元データのハッシュ値を算出する。

また、(ii)の暗号を(iii)の公開鍵を用いて復号する。秘密鍵で暗号化したデータは、これに対応する公開鍵でのみ復号することができる。

> 受信者は，元データのハッシュ値と，公開鍵で復号することで得られたハッシュ値との同一性が確認できれば，元データへの改ざんはないことが確認できることになる。

　この情報の受信者となる各ノードは，この情報が通信の過程で改ざんされていないことが確認できれば，自らの台帳にも受信したトランザクション情報を記録することになる。

　このような方法での記録が積み重ねられていくことによって，各ノードの記録が同期されていくことになる。

(3)　ブロックのつなぎ合わせ（チェーン）の生成

　さらに，(2)で説明したノード間の同期と並行して，10分間のトランザクション情報の集合によってブロックが生成され，複数のノードによる承認の過程を経たうえで，過去に作成されたブロックにつなぎ合わせていくという処理が行われる【図表－3】[*3]。このようにして「ブロック」をつなぎ合わせた情報の「チェーン（鎖）」が形成されることが，ブロックチェーンの名称の由来である。

　チェーンを形成する理由は，悪意あるノードによる不正な情報の記録を防止することである。

　ビットコインの場合，P2Pでネットワークに接続するノードを限定していないため，悪意あるノードがネットワークに参加し，各ノードに分散されて記録されているトランザクション情報を改ざんしようとする

図表－3

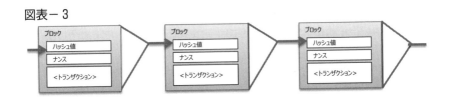

---

*3　経済産業省・前掲*1，1頁。

可能性がある。

　そこで，トランザクション情報の改ざんを防ぐため，従前のチェーンに新たなブロックをつなぎ合わせる際に，各ノードによる承認を経る過程を要することとしているのである。

　この承認の手順の詳細については，次項で説明する。

3　マイニングによる発行（採掘）

(1)　発行者の不存在

　ビットコインの重要な特徴として，特定の発行者が存在しないことがある。

　通貨であれば各国政府（中央銀行），電子マネーであればそれを発行する各事業者など，決済手段については，特定の発行者が存在するのが原則である。これに対し，ビットコインについては，各国の中央銀行のような特定の発行者が存在しない。

(2)　マイニングの手順

　では，ビットコインの発行は，どのような手順で行われるのか。

　端的に説明すると，ビットコインの発行は，前項で説明した各ノードによる承認を得る過程で行われる計算作業（プルーフ・オブ・ワーク。以下，「PoW」【用語7】）を完了させた者に対し，その報酬という形で行われる。

> 【用語⑦】　プルーフ・オブ・ワーク（Proof of Work）
> 　ビットコインのネットワークへの参加者が，自分の手もとに届いているトランザクション情報の集合に，ナンス（任意の値）を加えてハッシュ値を計算し，特定の値より小さい値（ハッシュ値の当初数文字分が0となる値）が得られるまで，ナンスの値を変えながら繰り返しハッシュ値の計算を続ける作業。

PoWとは，特定の数値を解とする計算作業である。この解を求めて報酬を得るには，コンピュータで多量の計算を行うことが必要となるため，近時は，計算に必要となる多数のコンピュータを電力価格が安く設定されている地域に設けたうえで行われる傾向にある。PoWに多量の作業を要する点が金山や炭鉱での発掘作業に類似することから，報酬となるビットコインの獲得を目的としてPoWを行うことを，発掘またはマイニング（mining），PoWを行うノードをマイナー（miner）と呼ぶ。

　PoWの解は，過去にチェーンを形成した際の計算結果を前提に設定されるが，複数のノードによるPoWを経てその正確性が検証されるため，一部のノードによる不正が防止される仕組みとなっている。

　また，一度ブロックチェーンに組み込まれたトランザクション情報を事後的に改ざんしようとすると，その改ざんの対象となるトランザクションが行われた時点以降のすべての計算をし直さなければならないため，事実上，一度形成されたブロックチェーンを改ざんすることは不可能となる。

Q3 仮想通貨交換所はどのような業務を取り扱っているのでしょうか。

A3 仮想通貨の売買のほか，仮想通貨の証拠金取引なども取り扱っています。

1　仮想通貨の取引

　仮想通貨の取引のほとんどは，仮想通貨交換所【用語⑧】を経由して行われている。

【用語⑧】　仮想通貨交換所

顧客との間で仮想通貨の売買，交換などの取引を行う事業者。

　取引態様は，大きく現物取引と，現物を伴わない証拠金・信用・先物取引の2種類に分類できる。

　現物取引の態様としては，仮想通貨交換所が提示する価格（売値，買値）による売買か，仮想通貨交換所を通じて他の顧客と売買する交換所取引となる。

　現物を伴わない取引の態様としては，
- 証拠金取引（一定額の証拠金（保証金）を担保にして行う売買），
- 信用取引（証拠金（保証金）を担保に業者から仮想通貨を借りて行う売買），
- 先物取引（証拠金（保証金）を担保に決済期限日における売買を約束する取引）

がある。

　国内での取引量は，現物取引約12兆7,000億円，証拠金・信用・先物取引56兆4,000億円（想定元本ベース）とされており，直近4年で爆発的に取引量が増大している【図表－4】[*4]。

2　仮想通貨交換所に対する法規制の動向

(1)　登録制の導入

　続いて，前項で紹介した取引を取り扱う仮想通貨交換所が行う業務（仮想通貨交換業）に適用される法規制と現状の課題を紹介する。

　まず，仮想通貨交換業を営むには，内閣総理大臣（実務上は財務局）の登録を受けなければならない（資金決済法63の2）。現在登録を完了させている事業者は，金融庁ウェブサイトで公表されており，平成30年（2018年）9月3日現在で16社である【図表－5】[*5]。

[*4]　一般社団法人日本仮想通貨交換業協会・前掲[*1]，18頁。

図表-4

通貨	現物取引	証拠金・信用・先物取引
平成26年度	24億円	2億円
平成27年度	607億円	270億円
平成28年度	1兆5,369億円	1兆9,790億円
平成29年度	12兆7,140億円	56兆4,325億円

図表-5

- 株式会社マネーパートナーズ
- QUOINE株式会社
- 株式会社bitFlyer
- ビットバンク株式会社
- SBIバーチャル・カレンシーズ株式会社
- GMOコイン株式会社
- ビットトレード株式会社
- BTCボックス株式会社
- 株式会社ビットポイントジャパン
- 株式会社DMM Bitcoin
- 株式会社ビットアルゴ取引所東京
- Bitgate株式会社
- 株式会社BITOCEAN
- 株式会社フィスコ仮想通貨取引所
- テックビューロ株式会社
- 株式会社Xtheta

　また，登録制の導入前に既に仮想通貨の売買や交換などの業務を営んでいた会社については，経過措置として，金融庁による登録審査を受けている間は，登録を受けているものとみなして業務を継続することが可能とされている。このような業者は「みなし仮想通貨交換業者」と呼ば

＊5　金融庁ウェブサイト「仮想通貨交換業者登録一覧」（平成30年（2018年）9月3日現在）[https://www.fsa.go.jp/menkyo/menkyoj/kasoutuka.pdf]。

れている。

(2) 仮想通貨交換業者が遵守する必要のあるルール

　仮想通貨交換業を行うには，(1)の登録を受けたうえで，資金決済法で定められているルールに従う必要がある。また，認定資金決済事業者協会（自主規制団体）である一般社団法人日本仮想通貨交換業協会が自主ルールを制定する予定であり，同協会に加盟する仮想通貨交換所は，この自主ルールも従う必要がある。

　主要なものとして，次に掲げるものを挙げることができる。

① 取引時確認（本人確認）（犯罪による収益の移転防止に関する法律4条1項）

　アカウント（ウォレット）開設時など法定のタイミングで，顧客の取引時確認（本人確認）を実施しなければならない。

② 分別管理（資金決済法63の11）

　利用者の金銭については銀行預金または信託の利用により，また利用者の仮想通貨については，利用者の仮想通貨と自己の固有財産である仮想通貨との明確な区分，およびどの利用者の仮想通貨であるかが直ちに判別できる状態での管理により，分別管理を行わなければならない。

③ 利用者保護措置（情報提供），安全管理措置（資金決済法63の10）

　利用者向けの説明，情報提供など，利用者保護等に関する措置を講じなければならない。

　また，仮想通貨交換業に係る情報の漏えい，滅失又は毀損の防止その他の当該情報の安全管理のために必要な措置を講じなけれならない。

④ 苦情処理（資金決済法63の12）

　利用者の苦情処理および紛争解決について，苦情解決措置として国民生活センターの利用や他の業態の指定紛争解決機関などの利用，紛争解決措置として弁護士会のADR手続などの利用を行わなければならない。

3　仮想通貨交換業の課題

仮想通貨交換業の現状の課題は，取引件数などの急激な拡大の影響により，さらに充実した業務遂行のための体制整備が求められていることである。

　例えば，平成30年（2018年）1月に不正アクセスにより仮想通貨NEM（ネム）580億円相当が流出する被害を受けたコインチェック社に対しては，取り扱う仮想通貨が内包する各種リスクを適切に評価しておらず，マネー・ローンダリング及びテロ資金供与リスクなど各種リスクに応じた適切な内部管理態勢を整備していなかったことや，業容拡大に応じた各種内部管理態勢及び内部監査態勢の整備・強化を行っていないことなどの指摘を含む業務改善命令が発出されている。

　また，他の仮想通貨交換業者に対しても，経営管理態勢（ガバナンス）の構築，マネー・ローンダリングおよびテロ資金供与に係るリスク管理態勢の構築，利用者財産の分別管理などの観点から，適正かつ確実な業務運営を確保するための対応を求めるとの内容を含む業務改善命令等が発出されており，仮想通貨交換業全体に課題が投げかけられている状況にある。

　日本仮想通貨交換業協会による自主的なルールの構築の検討など，順次検討が進んでいるところであるが，今後更なる業界の進展のための検討が継続することが期待される。

Q4　ICO（Initial Coin Offering）とはどのようなものなのでしょうか。

A4　仮想通貨などの払込を受けてトークンを発行する新しい資金調達方法です。

1　ICO（Initial Coin Offering）とは

図表－6　ICOのスキームのイメージ

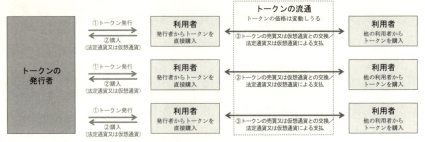

近時，ICOと呼ばれる方法による資金調達が行われ始めている。

ICOとは，一般に，企業等が電子的にトークン（証票）を発行して，公衆から資金調達を行う行為の総称とされている。トークンの引受，販売が行われることから，トークンセールスなどと呼ばれることもある。

トークンの性格はさまざまであるが，例えば，イベント参加権を表章するもの，人気投票の印のように，トークン自体は何の権利も表章しないが実態として流通しているもの，収益の分配を受ける権利を表章するものがある。

トークンの引受，販売の対価がビットコイン，イーサリアムなどの仮想通貨で行われることが多いことや，ブロックチェーンを用いたプロジェクトに必要な資金の調達においてICOが採用されることが多いことから，仮想通貨・ブロックチェーン関連分野と位置づけられる傾向にある。

ICOの仕組みの全体像は，【図表－6】[*6]のとおりである。

2　ICOのメリットとリスク

(1)　発行体にとってのメリット

---

*6　金融庁「事務局説明資料」（金融庁「仮想通貨交換業等に関する研究会」（第1回）資料2）［https://www.fsa.go.jp/news/30/singi/20180410-2.pdf］5頁。

返済期限の定めのない資金調達を行うことのできるICOは，資金調達手法としては，新規株式公開（Initial Public Offering：IPO）と類似の性質を有している。
　しかし，株式公開の際に適用される金融商品取引法（特に目論見書の作成などの開示規制）や証券取引所規則の適用を受けない前提で設計されることが多く，証券会社，証券取引所などの審査や，監査法人による監査などを経ることなくトークンを発行することを可能とすることにより，少額・短期間・低コストでの資金調達を実現できることや，議決権や優待制度などを発行者が自由に設計できることなどが発行体にとってのICOのメリットとなる。

(2) 投資家にとってのメリットとリスク

　投資家の立場では，上場株式にはない高配当や転売益への期待や，トークン購入者向け限定で提供されるサービスの購入やイベントへの参加がトークンへの投資のメリットであると言える。
　一方，(1)で述べた審査や監査を経ていないため，トークンの需給バランスの悪化によりトークンの価格が暴落したり，トークンの投資対象とされているプロジェクトに実体のないことが後日判明し，トークンが無価値になったりするリスクがある点に注意が必要となる。
　トークンの発行に当たっては，一般的に，ホワイトペーパーと呼ばれる説明書が開示され，そこにICOの期間や調達額，調達した資金で実施するプロジェクトの内容，トークン保有者の権利などが記載される。そこで，ホワイトペーパーを丁寧に確認し，その記載内容に合理性があるかを投資家の責任で検証することが重要である。

3　ICOの法規制

　ICOのうち，発行者の提供するサービスが利用できるなどの金銭以外の権利が付与されるトークン（会員権型トークン）を発行するものは，金融庁の登録を受けていない事業者による発行や勧誘が許容される余地

がある。

　ただし，トークンが資金決済法上の仮想通貨に該当する場合には，トークンの売買，交換等を業として行う事業者が仮想通貨交換業の登録を受ける必要がある。

　また，プロジェクトの収益が分配される権利が付与されたトークンや，元本償還を金銭などで実施するトークンは，金融商品取引法上の集団投資スキームに該当することになる。この場合，その発行や勧誘について金融商品取引法の適用を受けることになるので，同法を遵守して発行や勧誘を行う必要がある。

　さらに，トークンの保有者に提供されるサービスの利用や優遇措置によりトークンの費消があるとすると，トークンが前払式支払手段に該当することとなり，プリペイドカードや払戻し不可の電子マネーを発行する場合と同様に，資金決済法の適用を受け，前払式支払手段発行者としての登録を受ける必要が生じる可能性もある。

　なお，以上で述べた点のほか，金融庁が設置した「仮想通貨交換業等に関する研究会」がICOに係る規制のあり方に言及した報告書を2018年12月に公表しており，ICOの法規制が新たに導入される可能性が高いことにも留意が必要である。

Q5　「仮想通貨」に関する消費者被害にはどのようなものがあるのでしょうか。

A5　実態を伴わない仮想通貨取引，マイニング，IPOなどへの投資勧誘による被害が増えています。

1　消費生活相談の件数，事例

　ここ数年，詐欺や資金集めの誘い文句としての投資話として，「仮想

通貨」という用語が使われていると疑われる事案の件数が増加傾向にある*7。

　消費者庁によると，仮想通貨に関連すると思われる消費生活相談（国民生活センターと全国の消費生活センターなどになされた消費生活に関する相談）の件数は，2016年度847件，2017年度2,769件と大幅に増加している。【図表－7】*7

　具体的な相談事例としては，例えば，次のようなものがある。
・仮想通貨への投資
　「AI（人工知能）を使って仮想通貨に投資をする。1口25万円購入すれば，何もしなくても月に5万円の配当が支払われる。」という話を聞

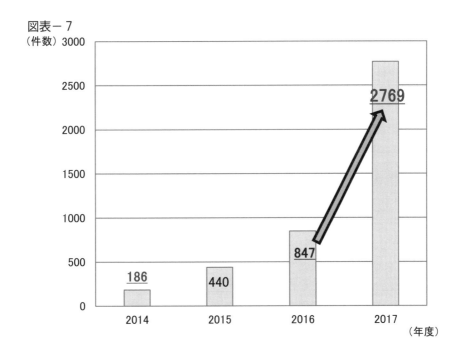

図表－7

---

*7　消費者庁「仮想通貨に関連すると思われる消費生活相談の状況について」（金融庁「仮想通貨交換業等に関する研究会」（第2回）資料4）［https：//www.fsa.go.jp/news/30/singi/20180427-4.pdf］5頁。

いて2口分50万円を投資した。しかし，数か月たつと説明どおりの配当が支払われなくなり，最終的には連絡が取れなくなった。

・仮想通貨のマイニング事業への投資

「仮想通貨のマイニングを行うスーパーコンピュータに出資してくれれば，採掘した仮想通貨を分配する。3か月で元を取ることができる。」と友人から誘われて100万円を支払った。しかし，わずかな分配しか得られそうになく，話が違う。

・ICO，トークンへの投資

「インターネットで話題になっているICOのプロジェクトに参加しないか。近々上場予定であり，上場後は価格が100倍になる。この価格で買えるのは今だけ」との話を投資セミナーで聞いた。芸能人も投資しているということで安心だと思いトークンの購入代金を支払ったが，そもそも私が買ったトークンがどうなったかも分からない。

これらは，正規の仮想通貨交換所や金融商品取引業者とは無関係の業者が，仮想通貨の相場高騰を材料として，実体のない投資話をもとに詐欺やネットワークビジネスの勧誘を行っていると疑われる事例であると言える。

2　仮想通貨に関する投資の注意点

仮想通貨やその関連ビジネスは，事業内容がコンピュータの操作だけで行われることとなることが多く，一般の投資家にとって実態を把握し難いものである。

金融庁の登録を受けた仮想通貨交換所での取引ではない投資話については，特に注意して対応していただきたい。

［永井　利幸］

第2章
実務編

I 仮想通貨と所得税

Q1 仮想通貨に関する所得税法上の考え方

　サラリーマンである私は，仮想通貨を平成30年（2018年）度に購入しました。年度内に売却するかどうかは市場の動向次第なので，現在は様子をみております。仮想通貨は商品の購入のための支払に充てることもできるので，購入した仮想通貨の一部を家電量販店での電化製品の購入の際の支払に充てました。

　仮に仮想通貨を売却して現金化した際に利益が出た場合には確定申告をしなければならないのでしょうか。このように損失が出たときには，確定申告において給与所得と損益通算をすることができるのでしょうか。

A1
　仮想通貨の取扱いに関する所得税の取扱いは，原則として，仮想通貨を「支払決済手段」と捉え，雑所得として取扱います。したがって，他の所得との損益通算は行えません。

解　説

　この質問に対する回答をするためには，そもそも，仮想通貨の法的性質をどのように考えるべきかという点から，考察を加えなければならない[1]。仮想通貨の法的性質については議論のあるところであり（本書でも第3章Iにおいて取り上げている），現段階では明確に結論付けるまでには議論が醸成していないというべきであろう。

　そこで，租税法における仮想通貨の法的性質に限定するとしても，こ

---

[1] 松嶋隆弘＝渡邊涼介『仮想通貨をめぐる法律・税務・会計』（ぎょうせい2018）ならびに久保田隆編『ブロックチェーンをめぐる実務・政策と法』（中央経済社2018）など参照。

れも必ずしも明確なことは断定できる状況にはないというべきであろう。ただ少なくとも，資金決済法2条5項が仮想通貨を資金決済と位置付けていることから[*2]，これを参考に租税法上の取扱いが確定されていくものと思われる。消費税法においては，この観点から，仮想通貨を支払決済手段として捉えている（消費税については本章Ⅲ参照）。このように，租税法内部における体系的理解や法的安定性の見地からは，所得税法においても，支払決済手段と捉えることが考えられる。

後述するとおり，おそらく，国税庁もこのような観点から，所得税法においても仮想通貨を支払決済手段として捉えているものと解されるのである。

ただし，仮想通貨にも様々なものが存在し，容易に一括りにできないため，全ての仮想通貨を果たして支払決済手段と性格付けすることが妥当であるかについては疑問もある。場合によっては，投機目的で保有するものといえるものがあることから，譲渡所得該当性が全く否定されるべきか否かについては慎重に考えるべきではなかろうか[*3]。

質問の事項は，次問以降の各論において検討を加える必要があるが，総じて，支払決済手段という観点から仮想通貨を捉えると，仮想通貨の売却からはキャピタルゲインが生じないと解されるから，そのように考えると「雑所得」に区分されることが考えられる[*4]。すなわち，損失が生じた場合も雑所得であるがゆえに損失を観念して他の所得と損益通算するということはできないことになる。また，雑所得は株式等の金融商品について源泉分離課税制度が採用されているのとは異なり，総合課税下での超過累進課税の適用があるとみるべきであろう。

給与所得者が仮想通貨の売却等で雑所得における控除金額20万円を超

[*2] 渡邉雅之＝井上真一郎『Q&A 資金決済法・改正割賦販売法—新しい決済サービスに関する法制の横断的解説』（きんざい2010）。
[*3] 柳澤賢仁＝酒井克彦「〔対談〕仮想通貨の実務最前線〜国税庁FAQを踏まえて〜」〔酒井発言〕税理62巻1号162頁（2018）。
[*4] 水野忠恒『大系租税法〔第2版〕』277頁（中央経済社2018）。

える利益を得たのであれば，当然ながら確定申告義務が発生することになるのである。

Q2 仮想通貨の現金化

仮想通貨を売却して日本円に現金化した場合，どのように課税されるのでしょうか。

A2 仮想通貨の取得価額と売却価額の差額である利益に対して課税されます。

解　説

国税庁の発出する個人課税課情報第4号「仮想通貨に関する所得の計算方法等について（情報）」（平成29年（2017年）12月1日）（以下「個人課税課情報」という。）を以下に参照すると，次のとおりである。

1　仮想通貨の売却

問　保有する仮想通貨を売却（日本円に換金）した際の所得の計算方法を教えてください。

（例）　3月9日　2,000,000円（支払手数料を含む。）で4ビットコインを購入した。
　　　　5月20日　0.2ビットコイン（支払手数料を含む。）を110,000円で売却した。

答　保有する仮想通貨を売却（日本円に換金）した場合，その売却価額と仮想通貨の取得価額との差額が所得金額となります。
　　上記（例）の場合の所得金額は，次の計算式のとおり，10,000

円です。

110,000円－（2,000,000円÷4 BTC）× 0.2BTC ＝10,000円
【売却価額】　【1ビットコイン当たりの取得価額】　【支払ビットコイン】　【所得金額】

　このように，仮想通貨の売却から得られる所得金額が例示において計算されている。
　しかしながら，仮想通貨の譲渡に係る所得が非課税となる余地はないのかという点が議論として考えられる[*5]。
　筋としては，仮想通貨自体を「生活に通常必要な動産」と解することができないかという理論である。すなわち，仮想通貨を通貨と認定することはできないとしても，支払決済手段であるとすれば，いわば通貨代用的な資産とみることになろう。そうであるとすれば，これを「生活に通常必要な動産」とみることもできるのではないかとの議論である。この点について，仮想通貨を独立した資産とみて，これが「生活に通常必要な動産」に該当すると考えるのであれば，所得税法9条《非課税所得》1項9号により非課税となる。そして，同条2項の「前項第9号に規定する資産の譲渡による収入金額がその資産の第33条第3項に規定する取得費及びその譲渡に要した費用の額の合計額…に満たない場合におけるその不足額」をなかったものとするとする取扱いが適用されるべきか否かという問題関心につながる[*6]。
　仮想通貨が「生活に通常必要な動産」に該当するか否かについても十分な検討が必要となるが，この点について，国税庁は何も明らかにしていないことから，若干の検討を加えることとしたい。
　二分論に従えば，生活用に供される資産については，「生活に通常必

[*5]　泉絢也「仮想通貨の譲渡と所得税法上の所得区分」税務事例50巻10号16頁（2018）。
[*6]　酒井克彦『所得税の論点研究』61頁以下（財経詳報社2011）。

要でない資産」と「生活に通常必要でない資産」の2種類のみが存することになる。このうち，所得税法62条にいう「生活に通常必要でない資産」は，所得税法施行令178条1項に委任されているが，1号にいう「競走馬（その規模，収益の状況その他の事情に照らし事業と認められるものの用に供されるものを除く。）その他射こう的行為の手段となる動産」に該当するか否かが，仮想通貨に関する文脈において問題となることがあるように思われる。

　この点，大阪高裁平成8年11月8日判決（行集47巻11＝12号1117頁）は，「令178条1項2号に規定された資産については，一定の目的で所有するものに限ってこれを『生活に通常必要でない資産』に当たるものとしているが，これは，同号に定められたような資産については，その客観的性質だけからは『生活に通常必要でない資産』であるかどうかを判別することができないところから，一定の目的で所有する場合に限ってこれに当たるとしたものであると解することができるのに対し，令178条1項1号の『射こう的行為の手段となる動産』については，文理上なんらそのような目的による限定はなく，また，動産自体の性質から客観的に生活に通常必要でないものかどうかを判断することが可能なのであるから，同2号の資産について右のような目的による限定が加えられているからといって，そのことはなんら，1号の動産について右のように解する妨げとなるものではないというべきである。」としており，仮想通貨のうち，ゲーム性を有するものについては，同令178条1項の資産に該当する可能性もある。そうであるとすると，そのような資産は，「生活に通常必要でない資産」に該当するが，それ以外の日常生活の用に供する仮想通貨であるとすると，そもそも「生活に通常必要な動産」となり，譲渡益が生じたとしても，所得税法9条1項9号の規定の適用により非課税とされることになるはずである。

　この点を考慮に入れた処理が求められよう。

Q3 仮想通貨に係る所得に対する課税

仮想通貨の売却によって得られた所得はどの所得区分に該当するのでしょうか。

A3

Q1でも概要を説明しましたが，仮想通貨の売却によって得た所得は原則として雑所得に該当します。

解　説

国税庁は，次のような個人課税課情報を発出している。そこでは，原則として，仮想通貨に関する所得の所得区分を原則として雑所得に当たると説明されている。また，例外的に，仮想通貨を売却した場合の所得区分を事業所得としているが，これは事業所得者が事業用資産として仮想通貨を保有していた場合の例が示されているにすぎない。

6　仮想通貨に関する所得の所得区分

> 問　タックスアンサーによると，ビットコインを使用することにより生じる損益（日本円又は外貨との相対的な関係により認識される損益）は，原則として，雑所得に区分されるとされていますが，雑所得以外に区分される場合には，どのような場合がありますか。

答　ビットコインをはじめとする仮想通貨を使用することによる損益は，事業所得等の各種所得の基因となる行為に付随して生じる場合を除き，原則として，雑所得に区分されることとしていますが，例えば，事業所得者が，事業用資産としてビットコインを保有し，決済手段として使用している場合，その使用により生じた

損益については，事業に付随して生じた所得と考えられますので，その所得区分は事業所得となります。

　このほか，例えば，その収入によって生計を立てていることが客観的に明らかであるなど，その仮想通貨取引が事業として行われていると認められる場合にも，その所得区分は事業所得となります。

　※仮想通貨を使用することにより利益が生じた場合の課税関係（所得区分）については，タックスアンサーにも記載しております。

　この回答にある「タックスアンサー」は，国税庁のホームページに掲載されており，そこではビットコインの雑所得該当性が次のように説明されている。

No.1524　ビットコインを使用することにより利益が生じた場合の課税関係
［平成29年4月1日現在法令等］

　ビットコインは，物品の購入等に使用できるものですが，このビットコインを使用することで生じた利益は，所得税の課税対象となります。

　このビットコインを使用することにより生じる損益（邦貨又は外貨との相対的な関係により認識される損益）は，事業所得等の各種所得の基因となる行為に付随して生じる場合を除き，原則として，雑所得に区分されます。

　さらに，国税庁のホームページにある「確定申告書作成コーナー」で

は，次の内容が掲げられている。

> 仮想通貨に関する所得の計算方法等について
>
> ビットコインをはじめとする仮想通貨を売却又は使用することにより生じる利益については，事業所得等の各種所得の基因となる行為に付随して生じる場合を除き，原則として，雑所得に区分され，所得税の確定申告が必要となります。

　この点は，広く周知されているが，これらの情報では，なぜ仮想通貨の売却益が雑所得に該当することになるかについては説明されていない。

　この点につき，酒井克彦教授は，資産の譲渡から得られる所得が雑所得に該当するとの考え方には，2つのルートがあり得るとされる[*7]。すなわち，「第一に，山林や租税特別措置法が予定している特別の取扱いを除き，一般の資産や株式の譲渡と同様に考えると，資産の譲渡から得られる所得の所得区分は，一般的に譲渡所得か，継続的譲渡の場合には，規模に応じて事業所得や雑所得に該当するという考え方」があるという。また，「第二に，譲渡所得に該当しない資産の譲渡と考えるというルートである。これは，金銭債権の譲渡からはキャピタルゲインが生じないことから譲渡所得の基因となる資産と解さないとの構成」があるとされ，同教授は，この2つの構成のうち，後者が採用されているとしている。

　これは，所得税基本通達33－1《譲渡所得の基因となる資産の範囲》が次のように示す国税庁の法令解釈にも共通する考え方であるといえよう。同通達は，「譲渡所得の基因となる資産とは，法第33条第2項各号に規定する資産及び金銭債権以外の一切の資産をいい，当該資産には，借家権又は行政官庁の許可，認可，割当て等により発生した事実上の権

[*7] 酒井克彦「仮想通貨と所得税」税理61巻11号21頁（2018）。

利も含まれる。」として，金銭債権を譲渡所得の基因となる資産から除外している。

　また，名古屋地裁平成17年7月27日判決（判タ1204号136頁）は，ゴルフ会員権の譲渡につき，「所得税法は，所得をその性質に応じて10種類に分類し，同法23条以下において，それぞれの所得の計算方法について規定しているところ，同法33条1項は，『譲渡所得とは，資産の譲渡…による所得をいう。』と規定し，資産の譲渡によって生じた所得についても，これを譲渡所得として所得税の課税の対象とすることを明らかにしている。そして，譲渡所得に対する課税は，資産の値上りによりその資産の所有者に帰属する増加益を所得として，その資産が所有者の支配を離れて他に移転するのを機会に，これを清算して課税する趣旨のものと解される（最高裁判所昭和47年12月26日第三小法廷判決・民集26巻10号2083頁参照）。

　このような譲渡所得に対する課税の趣旨にかんがみると*8，同法33条1項にいう『資産』とは，一般にその経済的価値が認められて取引の対象とされ，資産の増加益の発生が見込まれるようなすべての資産を含むと解され，また，『譲渡』とは，有償であると無償であるとを問わず，一般に所有権その他の権利の移転を広く含むものと解される。」と判示している。この説示を基に，同地裁は，破綻したゴルフ場のゴルフ会員権は預託金返還請求権たる金銭債権としての価値しか有していないことから，かかるゴルフ会員権の譲渡は譲渡所得に該当しないとするのである*9。

　このような考え方は，キャピタルゲインの実現と整理される譲渡所得をいわゆる増加益清算課税説の立場から説明をする考え方に立脚する

＊8　譲渡所得の意義については金子宏『課税単位及び譲渡所得の研究』321頁（有斐閣1996），同『譲渡所得の課税』日税研論集50号3頁（2002），水野忠恒『所得税の制度と理論』251頁（有斐閣2006），阿部雪子『資産の交換・買換えの課税理論』115頁（中央経済社2017）などを参照。

＊9　酒井克彦『レクチャー租税法解釈入門』75頁（弘文堂2015）。

（国税不服審判所平成13年5月24日裁決・裁決事例集61号246頁も同様）。

　仮に，仮想通貨を支払決済手段であると理解すれば，その支払決済手段からはキャピタルゲインが生じると解することはできず，したがって，譲渡所得に該当しないということになる。上記の2つのルートのうち，後者（第二のルート）によって雑所得に該当するという説明が妥当であろう。

Q4　仮想通貨による商品の購入

　私は建設業を営んでおり，建設工事用の電気製品や消耗品は大型ホームセンターで購入しています。その際，仮想通貨により支払を行っていますが，仮想通貨の購入時よりも仮想通貨の価値が大幅に上昇しています。事業用資産購入時の差益については，どのような税務処理を行うべきなのでしょうか。

A4

　事業用資産の購入に伴う仮想通貨の利益は，事業所得に該当すると解されています。

解　説

　仮想通貨の差益に係る所得金額の計算方法は，以下の個人課税課情報が参考になります。

2　仮想通貨での商品の購入

　問　商品を購入する際に，保有する仮想通貨で決済した場合の所得の計算の方法を教えてください。

　（例）　3月9日　2,000,000円（支払手数料を含む。）で4ビットコインを購入した。

> 9月28日　155,000円の商品購入に0.3ビットコイン（支払手数料を含む。）を支払った。

答　保有する仮想通貨を商品購入の際の決済に使用した場合，その使用時点での商品価額と仮想通貨の取得価額との差額が所得金額となります。

　上記（例）の場合の所得金額は，次の計算式のとおり，5,000円です。

155,000円 －（2,000,000円 ÷ 4 BTC）×　0.3BTC　＝ 5,000円
【商品価額】　【1ビットコイン当たりの取得価額】　【支払ビットコイン】　【所得金額】

※　上記の商品価額とは，日本円で支払う場合の支払額の総額（消費税込み）をいいます。

　仮想通貨を支払のために拠出した場合には，保有している仮想通貨の取得価額と購入した資産の時価との差額を仮想通貨に係る実現利益と認識して，これを所得金額として扱うことになる。

　さて，仮に上記質問が個人の家庭生活における商品の購入であったとしたらどう考えるべきであろうか。

　その場合には，上記のように計算して算出した所得金額は，雑所得に区分されることになる。しかしながら，そもそも，前述A2のとおり，仮想通貨に「資産」性[*10]を認めることとして，それが「生活に通常必要な動産」に該当すると解されれば，所得税法9条1項9号の規定の適用により非課税とされる余地があるのである。

　これが「生活に通常必要な動産」に当たらないとすれば，例えば，給

[*10]　酒井克彦「所得税法における仮想通貨の資産的性質」税務事例50巻8号31頁（2018）。

与所得者の仮想通貨所得金額が20万円超である場合には、年末調整において所得税額の清算が終わっている者であっても確定申告が必要になる。

Q5 仮想通貨の交換

私はビットコインをビットフライヤーの購入のために使用しました。その際に生じた差額は課税の対象となるのでしょうか。

A5
仮想通貨の交換によって認識され得る利益については課税の対象となると解されています。

解　説

この質問については、以下の個人課税課情報が発出されている。

3　仮想通貨と仮想通貨の交換

問　保有する仮想通貨を使用して他の仮想通貨を購入する場合（仮想通貨と仮想通貨の交換を行った場合）の所得の計算方法を教えてください。

（例）　3月9日　2,000,000円（支払手数料を含む。）で4ビットコインを購入した。

11月2日　他の仮想通貨購入（決済時点における他の仮想通貨の時価600,000円）の決済に1ビットコイン（支払手数料を含む。）を使用した。

答　保有する仮想通貨を他の仮想通貨を購入する際の決済に使用した場合、その使用時点での他の仮想通貨の時価（購入価額）と保有する仮想通貨の取得価額との差額が、所得金額となります。

I　仮想通貨と所得税

上記（例）の場合の所得金額は，次の計算式のとおり，100,000円です。

600,000円 －（2,000,000円÷4 BTC）× 1 BTC ＝100,000円
【他の仮想通貨の　　　　【1ビットコイン　　　　【支払ビットコイン】　【所得金額】
時価(購入価額)】　　　　当たりの取得価額】

※上記の購入価額とは，他の仮想通貨を購入する際に支払う仮想通貨の総額を日本円に換算した金額をいいます。

仮想通貨から仮想通貨への交換のみで課税対象所得が発生するという考え方は，上記の扱いや現行法を前提とすると妥当であると思われる。もっとも，果たしていかなる資産と考えるべきかという問題関心がその前提とされるべきであるのは既述のとおりである。

Q6 仮想通貨の取得価額

今年，数回にわたって仮想通貨を購入しましたが，そのうちの一部を売却した場合の利益計算を行うに当たって，取得価額の計算方法が分かりません。そもそも，附随的に発生した経費は取得価額に算入することになるのでしょうか。

A6

取得のためにかかった附随費用は取得価額に算入することになります。また，数回にわたって購入した仮想通貨の取得価額の計算方法については，国税庁の個人課税課情報によると，原則を移動平均法とし，総平均法を例外と位置付けています。

解　説

　まず，取得のために要した附随費用については，以下の国税庁FAQによると，取得価額に算入することとなる。

4　仮想通貨の取得価額

> **問**　国内の仮想通貨交換業者から，ビットコインを購入しましたが，その際に手数料を支払いました。この場合の購入した仮想通貨の取得価額はどうなりますか。
> （例）　9月1日　4ビットコインを2,000,000円で購入した。
> 　　　　　　　　購入時に手数料540円（消費税等込）を支払った。
>
> **答**　上記(例)の場合の仮想通貨の取得価額は，2,000,540円になります。
> 　購入した仮想通貨の取得価額は，その支払対価に手数料等の付随費用を加算した額となります。

　次に，数回にわたって購入した仮想通貨の取得価額の計算方法について検討を加える。国税庁は，以下のとおり，仮想通貨の取得価額の計算は，移動平均法によることが相当であると個人課税課情報において説明していた。

4　仮想通貨の取得価額

> **問**　仮想通貨を追加で購入しましたが，取得価額はどのように計算すればよいですか。（1年間の仮想通貨の取引例）
> 　　3月9日　2,000,000円（支払手数料を含む。）で4ビットコ

	インを購入した。
5月20日	0.2ビットコイン（支払手数料を含む。）を110,000円で売却した。
9月28日	155,000円の商品購入に0.3ビットコイン（支払手数料を含む。）を支払った。
11月2日	他の仮想通貨購入（決済時点における他の仮想通貨の時価600,000円）の決済に1ビットコイン（支払手数料を含む。）を支払った。
11月30日	1,600,000円（支払手数料を含む。）で2ビットコインを購入した。

答　同一の仮想通貨を2回以上にわたって取得した場合の当該仮想通貨の取得価額の算定方法としては，移動平均法を用いるのが相当です（ただし，継続して適用することを要件に，総平均法を用いても差し支えありません。）。

　このように，当初，国税庁は移動平均法を原則とし，継続的適用を要件として総平均法を許容するかのような情報を発出していた。
　しかしながら，このような処理を要請することについて，その妥当性が検討されるべきであったように思われる[11]。
　第一に，家事費の支払のために，取得価額を上記のような計算によって記帳しておくことを要求することの実際的な可能性も同時に議論されなければならないように思われる。事業所得者でさえ，今日，約50％程度しか青色申告の承認申請をしていないという現状からすれば，難しい要求であるといわざるを得ない[12]。

---

[11] 酒井克彦「仮想通貨取引における所得税法上の『移動平均法』の適用に関する検討」税務事例50巻11号31頁以下（2018）。
[12] 国税庁HP「表7　個人の青色申告者数の推移」参照（https://www.nta.go.jp/about/introduction/torikumi/report/2003/japanese/tab/tab07.htm〔最終アクセス2018/12/25〕）。

第二に，所得税法が採用する取得価額の計算の体系にマッチしているのかという疑問が浮かぶ。酒井克彦教授の指摘によれば，同法は，例えば有価証券などの場合，譲渡所得や雑所得の基因となる資産の場合はその都度，総平均法による処理を規定しており，他方，事業所得の基因となる資産の場合には移動平均法のような処理を提示しているのである。すなわち，一般的に譲渡所得や雑所得の基因となる資産については，継続記帳が前提とされることが少ないため，継続記帳を前提とする移動平均法は実情にそぐわないという点を念頭に置いているのである。そうであるとすれば，仮想通貨から生じた所得に対する所得区分を雑所得としておきながら，移動平均法を原則的処理方法とする考え方には違和感を覚えざるを得ない。

　もっとも，国税庁は平成30年（2018年）11月30日に「仮想通貨に関する税務上の取扱いについて（FAQ）」を発出して，この取扱いにつき，次のような変更を加えている。

11　仮想通貨の取得価額の計算方法の変更

> 問　昨年の申告では，売却した仮想通貨の取得価額を移動平均法で計算していましたが，計算が困難なため，本年の申告から総平均法に変更することはできますか。

答　今後の申告において「総平均法」を継続することを前提に，売却した仮想通貨の取得価額の計算方法を変更することができます。
　売却した仮想通貨の取得価額は，「移動平均法」で計算するのが相当ですが，継続して適用することを要件に「総平均法」で計算しても差し支えないこととしています。
　したがって，売却した仮想通貨の取得価額を「移動平均法」で

> 計算している方は,「総平均法」に変更することができます。
> 　なお,ご質問のように,「移動平均法」から「総平均法」に変更する場合は,本年の売却した仮想通貨の取得価額の計算における「年始の仮想通貨の数量・取得価額」は,「移動平均法で計算した前年末の仮想通貨の数量・取得価額」を使用することになります。

　このように,国税庁は,移動平均法から総平均法への変更を情報として発出した。しかしながら,原則が移動平均法で例外が総平均法であることには変わりがない。なお,平成31年度税制改正大綱(与党)には,移動平均法又は総平均法によることが示されているが,そのいずれが原則でいずれが例外であるかは明確にされていない。

　なお,国税庁は,取得価額が判然としないケースがあることから,次のようなFAQを発出している。

12　仮想通貨の購入価額や売却価額が分からない場合

> 問　本年中に仮想通貨取引を行いましたが,取引履歴を残していないため,仮想通貨の購入価額や売却価額が分かりません。これらの価額を確認する方法はありますか。

答　次の区分に応じて仮想通貨取引の購入価額や売却価額を確認することができます。
①　国内の仮想通貨交換業者を通じた仮想通貨取引
　平成30年1月1日以後の仮想通貨取引については,国税庁から仮想通貨交換業者に対して,次の事項などを記載した「年間取引報告書」の交付をお願いしています。
・年中購入数量:その年の仮想通貨の購入数量

・年中購入金額：その年の仮想通貨の購入金額
・年中売却数量：その年の仮想通貨の売却数量
・年中売却金額：その年の仮想通貨の売却金額

　お手元に年間取引報告書がない場合は，仮想通貨交換業者に年間取引報告書の（再）交付を依頼してください。

（注）　平成29年以前は，年間取引報告書が交付されない場合があります。その場合は下記②により，ご自身で仮想通貨の購入価額や売却価額を確認してください。

② 　上記①以外の仮想通貨取引（国外の仮想通貨交換業者・個人間取引）

　個々の仮想通貨の購入価額や売却価額について，例えば次の方法で確認してください。

・仮想通貨を購入した際に利用した銀行口座の出金状況や，仮想通貨を売却した際に利用した銀行口座の入金状況から，仮想通貨の購入価額や売却価額を確認する。

・仮想通貨取引の履歴及び仮想通貨交換業者が公表する取引相場[注]を利用して，仮想通貨の購入価額や売却価額を確認する。

（注）　個人間取引の場合は，あなたが主として利用する仮想通貨交換業者の取引相場を利用してください。確定申告書を提出した後に，正しい金額が判明した場合には，確定申告の内容の訂正（修正申告又は更正の請求）を行ってください。

　ここに示されているように国内の仮想通貨交換業者を通じた仮想通貨取引については，かかる業者から「年間取引報告書」が交付されることになるから，上記に示した記帳のない場合の問題点は一定程度解消されることになる。

Q7 年間報告書

仮想通貨取引交換業者から交付される「年間取引報告書」とはどのようなものでしょうか。また，それを活用して所得金額の計算はどのように行うのでしょうか。

A7
国税庁は次のような情報を FAQ として発出しています。

解　説

まず，年間取引報告書を活用した所得金額の計算として，国税庁において公表されている入力フォームを確認する。

9　年間取引報告書を活用した仮想通貨の所得金額の計算

> 問　仮想通貨交換業者A・Bから，次の年間取引報告書が送付されました。この年間取引報告書を活用した仮想通貨の所得金額の計算方法を教えてください。

```
                        年間取引報告書
   国税　太郎　様                                    A交換所
《現物取引》
| 通貨名 | ①年始数量 | ②年中購入数量 | ③年中購入金額 | ④年中売却数量 | ⑤年中売却金額 | ⑥移入数量 | ⑦移出数量 | ⑧年末数量 |
|---|---|---|---|---|---|---|---|---|
| ビットコイン | | 4.0 | 2,800,000 | 1.2 | 960,000 | | | 2.8 |


                        年間取引報告書
   国税　太郎　様                                    B交換所
《現物取引》
| 通貨名 | ①年始数量 | ②年中購入数量 | ③年中購入金額 | ④年中売却数量 | ⑤年中売却金額 | ⑥移入数量 | ⑦移出数量 | ⑧年末数量 |
|---|---|---|---|---|---|---|---|---|
| ビットコイン | | 2.0 | 1,640,000 | 1.0 | 1,000,000 | | | 1.0 |
```

答　年間取引報告書の太枠の赤字部分及び青字部分を，国税庁ホームページに掲載している「仮想通貨の計算書（総平均法用）」に入力すれば，簡便に所得金額を計算することができます。

　上記の場合の仮想通貨の所得金額は，332,000円となります。

Ⅰ　仮想通貨と所得税

【入力例】

平成 **30** 年分　仮想通貨の計算書（総平均法用）

氏名　国税　太郎

1　仮想通貨の名称　　ビットコイン

2　年間取引報告書に関する事項

取引所の名称	購入		売却	
	数量	金額	数量	金額
A交換所	4.0	2,800,000	1.2	960,000
B交換所	2.0	1,640,000	1.0	1,000,000
合計	6.0	4,440,000	2.2	1,960,000

3　上記2以外の取引に関する事項

月	日	取引先	摘要	購入等		売却等	
				数量	金額	数量	金額
		合計		0	0	0	0

4　仮想通貨の売却原価の計算

	年始残高（※）	購入等	総平均単価	売却原価（※）	年末残高・翌年繰越
数量	(A)	(C) 6.0	—	(F) 2.2	(H) 3.8
金額	(B)	(D) 4,440,000	(E) 740,000	(G) 1,628,000	(I) 2,812,000

※前年の(H)(I)を記載　　　　　　　　　　　　　　※売却した仮想通貨の取得価額

5　仮想通貨の所得金額の計算

収入金額		必要経費			所得金額
売却価額	証拠金（差益）	売却原価（※）	手数料等	証拠金（差損）	
1,960,000		1,628,000			332,000

※売却した仮想通貨の取得価額

【参考】
収入金額計　1,960,000
必要経費計　1,628,000

※　前年以前から仮想通貨取引を行っていた方は、前年末の仮想通貨の数量・金額を「年始残高」の欄に入力します。前年末の仮想通貨の数量・金額が分からない場合には、ご自身で前年分の仮想通貨の計算書を作成し、前年末の仮想通貨の数量・金額を計算してください。

※　支払手数料などの必要経費がある場合には、「手数料等」の欄にその額を入力して計算します。

これは，総平均法用の「仮想通貨の計算書」であるが，この表を活用することで計算の難しさを乗り越える方策が示されている。このようなアイデアは高く評価されるべきであろう。もっとも，そもそも，Q6において既述したとおり，移動平均法を原則とすることに対する疑問は已然として残されている。

　次に，年間取引報告書の記載内容についても情報を確認することとしよう。

10　年間取引報告書の記載内容

> **問**　仮想通貨交換業者から年間取引報告書が送付されましたが，この年間取引報告書には，何が記載されているのですか。

答　年間取引報告書の各欄には，次の事項が記載されています。
①年始数量：その年の1月1日現在の仮想通貨の保有数量
②年中購入数量：その年の仮想通貨の購入数量
③年中購入金額：その年の仮想通貨の購入金額
④年中売却数量：その年の仮想通貨の売却数量
⑤年中売却金額：その年の仮想通貨の売却金額
⑥移入数量：その年に購入以外で口座に受け入れた仮想通貨の数量
⑦移出数量：その年に売却以外で口座から払い出した仮想通貨の数量
⑧年末数量：その年の12月31日現在の仮想通貨の保有数量
⑨損益合計：その年の仮想通貨の証拠金取引の損益の合計額
⑩支払手数料：その年に仮想通貨交換業者に支払った支払手数料の額

※ 仮想通貨の売却・購入などを外貨で行った場合には，取引時の電信売買相場の仲値（TTM）で円に換算した金額に基づき，各事項が記載されています。

なお，次の取引をした場合における各欄の表示内容は，次のとおりです。
① 仮想通貨交換業者から無償で仮想通貨の交付を受けた場合
「年中売却数量」：　　　　　－
「年中売却金額」：交付を受けた仮想通貨の価額（時価）
「年中購入数量」：交付を受けた仮想通貨の数量
「年中購入金額」：交付を受けた仮想通貨の価額（時価）
② 仮想通貨で決済を行った場合
・仮想通貨交換業者で円転して決済を行った場合
「年中売却数量」：円転した仮想通貨の数量
「年中売却価額」：円転した仮想通貨の価額（時価）
・仮想通貨そのもので決済を行った場合
「移出数量」：決済で使用した仮想通貨の数量
③ 仮想通貨交換業者でA仮想通貨とB仮想通貨を交換した場合
A仮想通貨の「年中売却数量」：交換したA仮想通貨の数量
A仮想通貨の「年中売却金額」：取得したB仮想通貨の価額（時価）
B仮想通貨の「年中購入数量」：取得したB仮想通貨の数量
B仮想通貨の「年中購入金額」：取得したB仮想通貨の価額（時価）

年間取引報告書の様式例は，次ページに掲載しています（仮想通貨交換業者により，様式が異なる場合があります。）。

(参考) 年間取引報告書の様式例

年間取引報告書

《現物取引》

通貨名	①年始数量	②年中購入数量	③年中購入金額	④年中売却数量	⑤年中売却金額	⑥移入数量	⑦移出数量	⑧年末数量

《証拠金取引》

通貨名	⑨損益合計
合計	

《支払手数料》

通貨名	⑩支払手数料
合計	

Q8 譲渡に係る損失の取扱い

仮想通貨の売却損が生じたのですが，譲渡に当たって生じた損失の課税上の取扱いはどうなるでしょうか。

A8

前述のとおり，国税庁は雑所得を原則としていることから，雑所得の基因となる資産の譲渡に係る損失は所得金額の計算上考慮されることはありません。

もっとも，仮想通貨の種類によっては，譲渡所得を生じうるものがあると思われるところ，そのようなものの譲渡は，「生活に通常必要でない資産」に該当しない限り，他の所得との損益通算が認められることになると思われます。

Ⅰ 仮想通貨と所得税

解　説

まずは，国税庁の個人課税課情報を確認しておこう。

7　損失の取扱い

> **問**　仮想通貨の取引により，雑所得の金額に損失が生じました。この損失は，給与所得等の他の所得と通算することができますか。

答　雑所得の金額の計算上生じた損失については，雑所得以外の他の所得と通算することはできません。
　所得税法上，他の所得と通算できる所得は，不動産所得・事業所得・譲渡所得・山林所得とされています。雑所得については，これらの所得に該当しませんので，その所得の金額の計算上生じた損失がある場合であっても，他の所得と通算することはできません。

　この記載は，「生活に通常必要でない資産」だから他の所得との損益通算に制限がある（所法69）との説明ではないことからすると，国税庁では，仮想通貨は「生活に通常必要でない資産」には該当しないと考えているようである。

　Q2において前述したとおり，所得税法施行令178条は，「趣味，娯楽又は保養の用に供する目的で保有する資産」を「生活に通常必要でない資産」に区分しているが，仮想通貨によってはゲームコイン的な性質を有するものもある。そうであるとすれば，同条項2号資産に該当する余地があるのではなかろうか。もっとも，射こう的商品として捉えることは妥当ではないと思われる（いわゆるカジノチップ事件大阪高裁平成8年11月8日判決・行集47巻11＝12号1117頁）。

では，仮想通貨を預けていた交換業者が不正送信被害にあい，保有者がその損失に対して補償金を受けとった場合はどのような処理が行われるべきであろうか。この点は，以下のタックスアンサーが参考となる。

> No.1525　仮想通貨交換業者から仮想通貨に代えて金銭の補償を受けた場合［平成30年4月1日現在法令等］
>
> **問**
>
> > 　仮想通貨を預けていた仮想通貨交換業者が不正送信被害に遭い，預かった仮想通貨を返還することができなくなったとして，日本円による補償金の支払を受けました。
> > 　この補償金の額は，預けていた仮想通貨の保有数量に対して，返還できなくなった時点での価額等を基に算出した1単位当たりの仮想通貨の価額を乗じた金額となっています。
> > 　この補償金は，損害賠償金として非課税所得に該当しますか。
>
> **答**
>
> > 　一般的に，損害賠償金として支払われる金銭であっても，本来所得となるべきもの又は得べかりし利益を喪失した場合にこれが賠償されるときは，非課税にならないものとされています。
> > 　ご質問の課税関係については，顧客と仮想通貨交換業者の契約内容やその補償金の性質などを総合勘案して判断することになりますが，一般的に，顧客から預かった仮想通貨を返還できない場合に支払われる補償金は，返還できなくなった仮想通貨に代えて支払われる金銭であり，その補償金と同額で仮想通貨を売却したことにより金銭を得たのと同一の結果となることか

ら，本来所得となるべきもの又は得られたであろう利益を喪失した部分が含まれているものと考えられます。
　したがって，ご質問の補償金は，非課税となる損害賠償金には該当せず，雑所得として課税の対象となります。
　なお，補償金の計算の基礎となった1単位当たりの仮想通貨の価額がもともとの取得単価よりも低額である場合には，雑所得の金額の計算上，損失が生じることになりますので，その場合には，その損失を他の雑所得の金額と通算することができます。

　このタックスアンサーの場合，損害賠償金として支払われたとの前提があるが，果たして，質問の仮想通貨交換業者は損害賠償金を支払う義務があったのであろうか。質問内容だけからは判然としないが，そもそも損害賠償金を支払う義務のない法人から個人に財産的価値物が移転したのであれば，法人からの贈与を意味するとみることも可能ではなかろうか。仮に，かような認定に従えば，法人からの贈与であるから，個人の所得としては一時所得（所法34①）に該当することになるはずである。
　本件質問はそのようなケースではなかったという限定が付されるべき事案であるということであろう。

Q9 仮想通貨の分裂

　仮想通貨の分裂により新しい仮想通貨を取得しました。その際の仮想通貨の取得は課税対象所得となるのでしょうか。

A9　国税庁は，次のようなFAQを発出して，取引相場のない資産については所得の発生を観念しないとの立場を示しています。

解　説

仮想通貨の分裂については以下の FAQ で確認することができる。

5　仮想通貨の分裂（分岐）により仮想通貨を取得した場合

> **問**　仮想通貨の分裂（分岐）に伴い，新たに誕生した仮想通貨を取得しましたが，この取得により，所得税又は法人税の課税対象となる所得は生じますか。

答　仮想通貨の分裂（分岐）により新たに誕生した仮想通貨を取得した場合，課税対象となる所得は生じません。

所得税法上，経済的価値のあるものを取得した場合には，その取得時点における時価を基にして所得金額を計算します。

しかしながら，ご質問の仮想通貨の分裂（分岐）に伴い取得した新たな仮想通貨については，分裂（分岐）時点において取引相場が存しておらず，同時点においては価値を有していなかったと考えられます。

したがって，その取得時点では所得が生じず，その新たな仮想通貨を売却又は使用した時点において所得が生ずることとなります。

なお，その新たな仮想通貨の取得価額は０円となります。

法人税についても同様に，分裂（分岐）に伴い取得した新たな仮想通貨の取得価額は０円となり，分裂（分岐）に伴い新たな仮想通貨を取得したことにより所得の金額の計算上益金の額に算入すべき収益の額はないものと考えられます。

このように経済的価値がないと考えることに対しては批判も展開されているところ，果たして価値がないことと，価値はあるが測定が不可能であることとは別問題ではないかとの疑問が浮上する。

他方，マイニングによって取得した仮想通貨については，Q10に示すとおり，課税対象所得として認識する態度が示されている。

Q10 マイニング

マイニングによって仮想通貨を取得しましたが，その取得により課税対象所得は生じますか。

A10 国税庁は，次にみるFAQのとおり，仮想通貨をマイニングによって得た場合の経済的利益については課税対象所得と解しています。

解　説

この質問については，以下のFAQを確認する必要がある。

> **6　仮想通貨をマイニングにより取得した場合**
>
> > 問　仮想通貨をマイニングにより取得した場合，その所得は所得税又は法人税の課税対象となりますか。
>
> 答　仮想通貨をマイニングにより取得した場合，その所得は所得税又は法人税の課税対象となります。
> 　所得税については，いわゆる「マイニング」（採掘）等により仮想通貨を取得した場合，その所得は，事業所得又は雑所得として課税対象となります。
> 　この場合，マイニング等により取得した仮想通貨の取得価額に相当する金額（時価）については所得の金額の計算上総収入金額に算入され，マイニング等に要した費用については所得の金額の

計算上必要経費に算入されることになります。

　法人税については，マイニング等により仮想通貨を取得した場合，その取得価額に相当する金額の収益（時価）については所得の金額の計算上益金の額に算入され，マイニング等に要した費用については所得の金額の計算上損金の額に算入されることになります。

　なお，マイニング等により取得した仮想通貨の取得価額は，仮想通貨をマイニング等により取得した時点での時価となります。

　マイニングは従来までの資産において発生することのない新たな仕組みであると考えられ，仮想通貨に関する所得区分を一貫して事業所得又は雑所得とみる国税庁の本回答は妥当であるように思われる。

Q11 国外転出時課税制度等の適用

　仮想通貨を保有したまま国外に移住をすると，いわゆる「出国税」が課される可能性があると聞きました。どのような手続を行えばよいのでしょうか。

A11　「出国税」といわれる国外転出時課税制度の適用対象資産に仮想通貨は該当しないと考えられます。ただし，一部の該当者には財産債務調書への記載が求められます。

解　説
1　国外転出時課税制度の適用

　所得税法60条の2の国外転出時課税制度は，個人が自国の居住者から非居住者になることに起因し，個人の所有する資産に含まれる未実現利益に対し資産の譲渡が行われたとしてみなし譲渡課税を行うものである[13]。国外転出時課税制度の適用対象資産は「①有価証券若しくは匿

名組合契約の出資の持分（所法2①十七，所令4，288），②国外転出時において決済していない信用取引若しくは発行日取引，（所法60の2②，所規37の2①），③国外転出時において決済していないデリバティブ取引（所法60の2③）」であり，仮想通貨はこれらに該当しないため，国外転出時課税制度の適用対象には該当しないと考えられる*14。

また，前述してきたとおり，そもそも国税庁は仮想通貨を譲渡所得とはみなさず，雑所得又は事業所得として捉えている。

2　財産債務調書の提出

国外転出時課税制度の適用はないものの，一定の者については財産債務調書の提出が義務付けられる。その際，次の国税庁FAQを参考とすることができる。

≪法定調書関係≫

19　財産債務調書への記載の要否

> **問**　国内外の仮想通貨取引所に仮想通貨を保有しています。仮想通貨は財産債務調書の対象になりますか。

答　財産債務調書の対象になります。
　決済法第2条第5項に規定する仮想通貨などの財産的価値のある仮想通貨を12月31日において保有している場合，財産債務調書への記載が必要になります。
　仮想通貨は，財産の区分のうち，「その他の財産」に該当しま

---

*13　国外転出時課税制度については，増井良啓「実現原則と国外転出時課税制度」日税研論集74号81頁（2018）で体系的にまとめられている。その他，拙稿「我が国における国外転出時課税制度の創設―国外転出時課税制度における基礎知識―」経営学研究論集47号127頁（2017），米国の同規定については，拙稿「米国における出国税規定の歴史的変遷と我が国の国外転出時課税制度」税務事例50巻3号47頁（2018）を参照とする。

*14　ただし，国外転出時課税制度の創設目的を含めて考えると，この点については検討が必要となるように思われる。拙稿「仮想通貨に対する所得税法60条の2　国外転出時課税制度の適用可能性」税務事例51巻1号28頁（2018）。

すので，財産債務調書には，仮想通貨の種類別（ビットコイン等），用途別及び所在別（注）に記載してください。

　仮想通貨を預けている仮想通貨取引所の所在が国内か国外かについては，財産債務調書への記載の要否に影響はありません。

（注）　仮想通貨の所在については，国外送金等調書規則第12条第3項第6号及び第15条第2項の規定により，その財産を有する方の住所（住所を有しない方にあっては，居所）の所在となります。

　所得税の確定申告書を提出しなければならない者で，その年分の退職所得を除く各種所得金額の合計額が2,000万円を超え，かつ，その年の12月31日において，その価額の合計額が3億円以上の財産又はその価額の合計額が1億円以上の国外転出特例対象財産を有する場合には，その財産の種類，数量及び価額並びに債務の金額その他必要な事項を記載した財産債務調書を，その年の翌年の3月15日までに，所得税の納税地の所轄税務署長に提出しなければならない。

3　国外財産調書の提出

　さらに，国外財産調書の提出も仮想通貨の保有者に課されるのであろうか。しかしながら，仮想通貨は，財産の所有者の所在により国外にあるか否かを判定することとされているため（国外送金等調書規則12③六），居住者については，かかる調書の提出は義務付けられていない。この点については，次の国税庁FAQを参照されたい。

21　国外財産調書への記載の要否

問　国外の仮想通貨取引所に仮想通貨を保有しています。仮想通貨は国外財産調書の対象になりますか。

答 国外財産調書の対象にはなりません。

仮想通貨は，国外送金等調書規則第12条第3項第6号の規定により，財産を有する方の住所（住所を有しない方にあっては，居所）の所在により「国外にある」かどうかを判定する財産に該当します。また，国外財産調書は，居住者の方（国内に住所を有し，又は現在まで引き続いて1年以上居所を有する個人をいい，非永住者の方を除きます。）が提出することとされています。

したがって，居住者の方が国外の仮想通貨取引所に保有する仮想通貨は，「国外にある財産」とはなりませんので，国外財産調書の対象にはなりません。

このように，仮想通貨の所在は国外送金等調書規則に基づき，財産を有する者の住所によりその所在が定まる。もっとも，「住所」についての判定には困難が伴う[*15]。

結びに代えて

仮想通貨を巡る所得課税上の問題は多岐にわたるが，国税庁から発出される情報を参考に検討を加えた。国税庁の取扱いの根拠が判然としないものも散見されるため，今後の情報をしっかりキャッチしておく必要がある。

［酒井　春花］

---

*15　酒井克彦『ブラッシュアップ租税法』272頁（財経詳報社2011）。

II 仮想通貨と法人税

Q1 仮想通貨に関する法人税法上の考え方

当社は、当事業年度中に数種類の仮想通貨を購入し、期末にそのまま保有しています。経理処理上は仮想通貨の種類別に資産計上していますが、これらの仮想通貨は法人税法上、通貨、有価証券、棚卸商品又は無形固定資産等、どのような資産として取り扱うのが適当でしょうか。

A1

企業会計における仮想通貨の捉え方と同様に、通貨、有価証券、棚卸資産及び無形固定資産のいずれにも該当しない資産として取り扱うことが相当です。

解 説

法人税法では、資産の定義を法文上明らかにしておらず、資産概念は一般的な用語としての資産を前提としていると解される（武田昌輔『DHCコンメンタール法人税法』1359の2頁（第一法規、加除式））。法人所得の計算に際しては、企業会計における損益計算を前提としているため、企業会計上の資産と同義に解釈して実務上の弊害はないものと思われる。

一方、企業会計においては、平成30年（2018年）3月14日付けで企業会計基準委員会から「（実務対応報告第38号）資金決済法における仮想通貨の会計処理等に関する当面の取扱い」（以下Q7まで「本実務対応報告」という。）が公表された。

本実務対応報告では、仮想通貨について、現時点において司法上の位置づけが明確でなく、仮想通貨に何らかの法律上の財産権を認め得るか否かについては、明らかではないものと考えられるとした上で、売買・

換金を通じて資金の獲得に貢献する場合も考えられることから，会計上の資産として取り扱い得るとしている（本実務対応報告27項）。この点は，法人税法上も異論のないところであろう。

しかし，仮想通貨の実務上の取扱いを明らかにするためには，ご質問のとおり，資産の内容にまで踏み込んだ検討が必要となる。例えば，仮想通貨を通貨として位置づけるのであれば，一種の外国通貨として期末時換算法により期末換算を行う（法法61の9①）ことが考えられる。また，仮想通貨を投資目的で保有される棚卸資産を位置づけるのであれば，取得原価を維持しつつも短期売買商品（法法61）の該当可能性について検討する必要がある。さらに，仮想通貨が電子データの「連なり」であることに着目して無形固定資産と位置づけることも考えられる。（この場合には，時の経過により価値が減少することはないので非減価償却資産となろう。）なお，条文上は，棚卸資産及び無形固定資産のいずれも政令規定における「準ずるもの」の中に仮想通貨を位置づけることは可能であろう（法令10七，法令12四）。

本実務対応報告では，これらの点についても検討を加えている。すなわち，通貨に関しては「会計基準における通貨の定めは，国際的な会計基準も含め，一般的に法定通貨が想定されているが，仮想通貨は中央銀行等の裏付けのある法定通貨ではないことから，仮想通貨を外国通貨として会計処理することには適当ではないと考えられる。」としている（本実務対応報告29項）。また，棚卸資産の該当性については，「仮想通貨は決算手段として利用されるなど棚卸資産と異なる目的としても利用されるため，すべての仮想通貨が棚卸資産の定義を満たすものとすることは適当ではないと考えられる。」としている（本実務対応報告31項）。さらに，無形固定資産の該当性については，「国際的な会計基準も含め，一般的にトレーディング目的で保有される無形固定資産として会計処理することも適当ではないと考えられる。」としている（本実務対応報告32項）。

こうした仮想通貨の捉え方は，法人税法上も受け入れられるものであり，特に異論の余地はないものと思われる。つまり，法人税法においては，Q3で解説するように活発な市場が存在する仮想通貨については，時価法により評価することとされており，売買目的有価証券等に類似した金融商品として位置づけられていることからすれば，資産に関する既存の属性に捉われない企業会計の考え方を，法人税における所得計算上もそのまま受け入れることが相当である。なお，法人税法上の有価証券については，法人税法2条21号《定義》及び法人税法施行令11条《有価証券に準ずるものの範囲》のいずれにも仮想通貨は該当しないので，仮想通貨が法人税法上有価証券として取り扱われる余地はないものと思われる。

Q2 仮想通貨の取得価額

　当社は，資金運用の一部に仮想通貨を加えることを考えています。取得に当たっては，円を仮想通貨と交換する際に手数料を支払うことになっていますが，この費用は仮想通貨の取得価額に含めるべきでしょうか。また，仮想通貨を研究するためのセミナー参加費用や書籍の購入費用も取得価額に含めなければならないでしょうか。

A2　仮想通貨の取得価額は，支払対価に付随費用を加算した金額です。付随費用としては購入の際に支払う「入金手数料」等が該当します。なお，仮想通貨を研究するためのセミナー費用や書籍の購入費用はここでいう付随費用に含める必要はないものと思われます。

解　説

　仮想通貨の取得価額の取扱いについては，平成30年11月に国税庁から

「仮想通貨に関する税務上の取扱いについて（FAQ）」（以下「国税庁FAQ」という。）が公表され，「4　仮想通貨の取得価額」の中で「購入した仮想通貨の取得価額は，その支払対価に手数料等の付随費用を加算した額」と説明している。

　一方，企業会計上も仮想通貨の取得価額は支払対価に手数料等の付随費用を加算した額として説明している（本実務対応報告4項(8)）。

　問題は，どこまでをここでいう「付随費用」として捉えるかということであろう。

　まずは上述した国税庁FAQや本実務対応報告にもあるとおり取得に際し手数料等の費用が発生する場合には，その費用が取得価額に含まれることとなる。通常は，仮想通貨を購入するために日本円を仮想通貨取引所に送金する際に支払う「入金手数料」等がこの付随費用に含まれることになると思われる。

　またご質問にある，仮想通貨を研究するためのセミナー参加費用や書籍の購入費用については，仮想通貨の取得に関連した費用ではあるが，これらの費用は，仮想通貨に対する投資を行うか否か，行うとした場合にはどのように行うのが適当かといった検討のための費用であり，いわば投資行動に関する経営判断あるいは投資計画のための費用であると考えられるため，期間費用として処理することが適当と思われる。

　なお，資産の取得価額に含めるべき費用について，法人税法上の既存の取扱いから検討すると次のとおりとなる。

　有価証券の取得価額に関し，有価証券を取得するために要した通信費，名義書換料の額を含めないことができることとされている（法基通2－3－5）。これらの費用を有価証券の取得価額に含めないのは一般的にその金額が少額だからである（小原一博編著『法人税基本通達逐条解説〔8訂版〕』221頁（税務研究会2016））。仮想通貨の取引は専らインターネットを使用することになると思われるが，そのための通信料等はこの取扱いを踏まえると一般的には仮想通貨の取得価額に含める必要はない

ものと思われる。

　また，棚卸資産及び固定資産の取得価額に関し，借入金の利子の額は取得価額に含めないことができることとされている（法基通5－1－2，6－3－2）。この取扱いは，利子が財務費用であるとする考え方から会計における通説として利子は原価に算入しないという取扱いに税務が依拠したものである（武田・前掲書1888頁）。

　この取扱いを踏まえると，仮想通貨を専ら金融機関からの借入金を原資として取得した場合においても，当該借入金に係る利子を取得価額に含める必要はないものと思われる。

Q3 仮想通貨の期末評価

　当社は，当事業年度より仮想通貨の売買を始めましたが，期末時点で保有する仮想通貨については，会計上，時価評価をして評価損益を計上することとされています。法人税法上はどのように取り扱われますか。

　なお，当社が保有している仮想通貨は，すべてインターネット上で活発に売り買いされており，相場もすぐに見ることができます。

A3

　平成31年（2019年）4月1日以後に終了する事業年度については，期末の時価により評価し，評価益又は評価損を当該事業年度の所得の金額の計算上，益金の額又は損金の額に算入することとなります。なお，平成31年（2019年）4月1日前に開始し，かつ，同日以後に終了する事業年度について，会計上仮想通貨につき時価評価していない場合には，法人税法上も時価評価を行わないことができます。

解　説

　仮想通貨の期末評価については，平成31年（2019年）4月1日以後に

終了する事業年度と同日前に終了する事業年度とでは取扱いが異なることに注意が必要である。

　すなわち，従前は，仮想通貨の評価方法については特に法人税法上は特に規定されていなかったことから，評価損益に係る一般的な取扱いが適用されていたものと考えられる。すなわち，期末に保有する資産の評価替えをして帳簿価額を減額又は増額した場合には，その減額した部分の金額又は増額した部分の金額については，損金の額又は益金の額には算入しないこととされていたわけである（法法25①，33①）。

　しかし，平成31年度の税制改正において，法人が事業年度末に有する仮想通貨のうち，活発な市場が存在する仮想通貨については，時価評価により評価損益を計上することとされる予定である（平成30年（2018年）12月14日付「平成31年度税制改正大綱」（自由民主党，公明党）（以下「税制改正大綱」という。）第二，三6(2)①」）。

　一方，本実務対応報告では，期末における仮想通貨の評価に関する会計処理として次のように規定している。

実務上の取扱いⅠ．
1　期末における仮想通貨の評価に関する会計処理
　仮想通貨交換業者及び仮想通貨利用者は，保有する仮想通貨（仮想通貨交換業者が預託者から預かった仮想通貨を除く。）について，活発な市場が存在する場合，市場価格に基づく価額をもって当該仮想通貨の貸借対照表価額とし，帳簿価額との差額は当期の損益として処理する。

　したがって，平成31年（2019年）4月1日以後に終了する事業年度では，会計上の処理と法人税法上の処理が一致するため申告調整は要しないこととなる。

　なお，次のとおり，期末に時価評価を行った場合には，翌期首におい

て振り戻しの仕訳を行い，期末時の時価から取得価額に戻す処理を行う場合がある。

≪会計処理（当期末）≫
（借方）ビットコイン評価損　10,000円　　（貸方）ビットコイン　10,000円
≪会計処理（翌期）≫
（借方）ビットコイン　10,000円　　（貸方）ビットコイン評価損戻入益　10,000円

　一般的にこのような処理を洗替（あらいがえ）処理という。税制改正大綱では明記されていないが，例えば，短期売買商品や売買目的有価証券等の法人税法上時価法を適用するものは洗替処理を行うこととされている（法令118の8①，119の15①等）。したがって，仮想通貨について時価法を適用する場合においても洗替処理が義務づけられるものと思われる。

　一方，翌期首に上述のような振り戻しの仕訳をせず，前期の期末時価による帳簿価額をそのまま維持する方法を一般的に切放（きりはなし）処理という。例えば，期末に時価評価を行うこととされている売買目的有価証券については，会計上は洗替処理と切放処理のいずれによることも認められている（金融商品会計に関する実務指針67項，同設例3「売買目的有価証券の評価及び会計処理」）。実務では，会計上も洗替処理を行うことで申告調整を生じさせないことが多いものと思われるが，仮に，切放し処理を行った場合には，時価法を適用することによる評価損益の金額と税務上の洗替処理による申告調整が毎期生じるので留意する必要がある。

　また，平成31年度税制改正前までは，法人税法上は仮想通貨について時価法を適用することが義務付けられていなかったことから，経過措置として，平成31年（2019年）4月1日前に開始し，同日以後に終了する事業年度について，会計上仮想通貨につき時価評価していない場合には，

時価法を適用しないこととされる予定である（税制改正大綱第二，三6(2)（注））。

これに対して，活発な市場が存在しない仮想通貨については，会計上は取得原価（Ｑ２参照）をもって貸借対照表価額とするとされている（本実務対応報告６項）。法人税法上も，仮想通貨について時価法が適用されるのはあくまでも活発な市場が存在する仮想通貨に限られることから，それ以外の仮想通貨については，原価法が適用されることとなろう。したがって，活発な市場が存在しない仮想通貨についても特に申告調整を要することはないものと思われる。

もっとも，会計上，期末における処分見込価額（ゼロ又は備忘価額を含む。）が取得原価を下回る場合には，当該処分見込価額をもって貸借対照表価額とし，取得原価と処分見込価額との差額は当期の損失として処理することとされているため（同報告），この場合にのみ，法人税法上，原価法による帳簿価額に戻すための申告調整（加算）が必要となるものと思われる。

Q4 仮想通貨の１単位当たりの帳簿価額の計算

当社は，仮想通貨を初めて取得しましたが，期中に同一種類の仮想通貨を追加して取得しました。この場合，仮想通貨の１単位当たりの取得価額をどのように計算すればよいのでしょうか。

A4　仮想通貨の１単位当たりの帳簿価額の算出方法は，移動平均法又は総平均法による原価法とされており，法定算出方法は移動平均法による原価法となります。

解　説

同一の仮想通貨を複数回にわたり取得する場合には，１単位当たりの

帳簿価額を算出する必要がある。これは，売却の際の原価を算出するための重要なプロセスである。

　会計上の取扱いについて本実務対応報告では，次のように規定している。これはＱ２で示したものと同じである。

> 用語の定義４(8)
> 　取得原価とは，一定時点における同一の仮想通貨の取得価額（支払対価に手数料等の付随費用を加算した額）の合計額から，前回計算時点より当該一定時点までに売却した部分に・一・定・の・評・価・方・法・を・適・用・し・て・計・算・し・た・売・却・原・価を控除した価額をいう。
> （傍点筆者）

　ここでは，取得価額の合計額から「一定の評価方法を適用して計算した売却原価（傍点部分）」を控除した価額を取得原価とするが，この場合の「一定の評価方法」とは何を指すのか具体的には明らかにしていない。

　一方，法人税法上の取扱いについては，平成31年度の税制改正において，仮想通貨の譲渡に係る原価の額を計算する場合における１単位当たりの帳簿価額の算出方法を移動平均法又は総平均法による原価法とし，法定算出方法を移動平均法による原価法とされる予定である（税制改正大綱第二，三６(2)③）。

　移動平均法とは，単価の異なる仮想通貨を受入れる都度，残高金額と受入金額との合計額を残高数量と受入数量の合計高で除して平均単価を求め，その後の払い出し単価とする方法である。具体的な計算については，平成29年（2017年）12月１日付けで国税庁から公表された「（個人課税課情報第４号）仮想通貨に関する所得の計算方法等について（情報）」（以下「平成29年国税庁質疑応答」という。）に説明されているので以下紹介する。

Ⅱ　仮想通貨と法人税

> 3月9日　2,000,000円（支払手数料を含む。）で4ビットコインを購入した。
> 5月20日　0.2ビットコイン（支払手数料を含む。）を110,000円で売却した。
> 9月28日　155,000円の商品購入に0.3ビットコイン（支配手数料を含む。）を支払った。
> 11月2日　他の仮想通貨購入（決済時点における他の仮想通貨の時価600,000円）の決済に1ビットコイン（支払手数料を含む。）で2ビットコインを購入した。
> 11月30日　1,600,000円（支払手数料を含む。）で2ビットコインを購入した。

　平成29年質疑応答では，上記設例に基づいて移動平均法による原価法を適用した場合，3月9日に取得した分の1ビットコイン当たりの取得価額は

　　2,000,000円÷4 BTC＝500,000円/BTC

であり，11月30日の購入直前において保有しているビットコインの簿価は

　　500,000円×（4 BTC－1.5BTC）＝1,250,000円

と計算している。

　さらに，11月30日の購入直後における1ビットコイン当たりの取得価額は

　　（1,250,000円＋1,600,000円）÷（2.5BTC－2 BTC）＝633,334円

と計算している。

　これを時系列に基づいて簡単な表にすると次のとおりとなる。

月日	取引	数量	金額	単価
3月9日	購入	4	2,000,000	500,000
5月20日	売却	△0.2	100,000	500,000
9月28日	支払	△0.3	150,000	500,000
11月2日	支払	△1	500,000	500,000
合計		2.5	1,250,000	500,000
11月30日	購入	2	1,600,000	800,000
合計		4.5	2,850,000	633,334

　仮に，11月30日以降，当該ビットコインを売却した場合の原価は1単位当たり633,334円で計算することになる。

　一方，総平均法とは，期首残高と受入金額との合計額を，期首残高数量と受入数量との合計額で除して算定した単価を1単位当たりの原価とする方法である。よって，上記の設例において総平均法で1単位当たりの価額を計算すると次の算式のとおり600,000円となる。

$$(2,000,000+1,600,000) \div (4\,\text{BTC}+2\,\text{BTC})=600,000$$

　また，執筆時点では，条文での確認はできないが，仮想通貨の1単位当たりの帳簿価額の算定方法における移動平均法又は総平均法の選択については，有価証券の1単位当たりの帳簿価額の算出と同様に，所轄税務署長に対する届出事項になるのではないかと考えられる。経過措置を含め，届出書の提出の有無については十分確認しておく必要がある。

Q5 仮想通貨の売却損益の認識

　当社は，期中において保有する仮想通貨を売却し円に換えましたが，売却損益の計上時期と税務上の処理を教えてください。

Ⅱ　仮想通貨と法人税

A5　法人税法上，仮想通貨の譲渡に係る譲渡損益は，その譲渡に係る契約をした日の属する事業年度に計上され，その損益は，譲渡対価と譲渡原価との差額として計算されることになります。

解　説

　法人税法では，資産の販売等に係る収益の額は，別段の定めがあるものを除き，その資産の販売等に係る目的物の引渡しの日の属する事業年度の所得の金額の計算上，益金の額に算入することされている（法法22の2①）。

　また，平成31年度の税制改正において，法人が仮想通貨の譲渡をした場合の譲渡損益については，その譲渡に係る契約をした日の属する事業年度に計上することとされる予定である。(税制改正大綱第二，三6(2)②)。

　この点については，本実務対応報告では，次のとおり規定している。

実務上の取扱いⅠ．5仮想通貨の認識時点
13．仮想通貨交換業者及び仮想通貨利用者は，仮想通貨の売却損益を当該仮想通貨の売買の合意が成立した時点において認識する。

　仮想通貨の売却は，通常はインターネット上で，交換業者等の画面から買い相場を見て売却数量と価格を確認して画面上の売りボタンを押すことで円と交換することになる。売買の合意の成立した時点とは，具体的には売りボタンを押した段階であるともいえ，通常は売買契約と引渡しとの間でタイムラグが生じることはないものと思われる。本実務対応報告においても「通常，売り手は売買の合意が成立した時点で売却した仮想通貨の価格変動リスク等に実質的に晒されておらず，売却損益は確定していると考えられる。」としている（本実務対応報告53項）。

　したがって，譲渡損益の計上時期に関し，会計上と税務上とではその

取扱いに違いはない。

　ちなみに，国税庁FAQでは「1　仮想通貨を売却した場合」として以下の例を掲げている。

3月9日　2,000,000円（支払手数料を含む。）で4ビットコインを購入した。

5月20日　0.2ビットコイン（支払手数料を含む。）を110,000円で売却した。

　国税庁FAQでは，この場合の所得金額は次の計算式により算定されるとしている。

110,000円－（2,000,000円÷4ビットコイン）×0.2ビットコイン＝10,000円

なお，この例を仕訳で表すと次のとおりとなる。

3月9日　（借方）ビットコイン　2,000,000　（貸方）現　　金　2,000,000
5月20日　（借方）現　　金　　110,000　（貸方）ビットコイン　100,000
　　　　　　　　　　　　　　　　　　　　　　　　ビットコイン売却益　10,000

≪参考：5月20日の税務仕訳≫

　　（借方）現　　金　110,000　（貸方）譲渡収益　110,000
　　（借方）譲渡原価　100,000　（貸方）ビットコイン　100,000

　上の仕訳の譲渡原価は，Q4で解説した1単位当たりの帳簿価額に売却する仮想通貨の数量を乗じて計算することになる。

Q6　仮想通貨での資産の購入及び仮想通貨の交換

　当社は，資産を仮想通貨で購入しました。また，保有している仮想通貨（BTC）を他の仮想通貨と交換しましたが，税務上，どのように処理するのでしょうか。

A6 資産の購入や役務提供の対価として仮想通貨を使用する場合には，支払対価と当該仮想通貨の帳簿価額との差額について譲渡損益が計上されます。仮想通貨を他の仮想通貨と交換する場合も同様に，交換の時における仮想通貨の価額と当該仮想通貨の帳簿価額との差額について譲渡損益が計上されます。

解　説
1　資産の購入

資産の購入の対価として仮想通貨を使用する場合の留意すべき点は，対価はあくまでも時価であるのに対し，仮想通貨の帳簿価額は移動平均法等で算定されている価額であるという点である。なお，このことは役務提供の対価として仮想通貨を使用する場合も同じである。

国税庁FAQでは，仮想通貨で商品を購入した場合として次の設例がある（国税庁FAQ2）ので，この設例を用いて以下説明する。

3月9日　2,000,000円（支払手数料を含む。）で4ビットコインを購入した。

9月28日　162,000円（消費税込）の商品を購入する際の決済に0.3ビットコインを支払った。なお，取引時における交換レートは1ビットコイン＝540,000円であった。

（注）　上記取引において仮想通貨の売買手数料については勘案していない。

これらの取引について仕訳を示すと次のようになる。

3月9日　（借方）ビットコイン　2,000,000　（貸方）現　金　　　2,000,000
9月28日　（借方）商　品　　　　　162,000　（貸方）ビットコイン　150,000
　　　　　　　　　　　　　　　　　　　　　　ビットコイン譲渡益　12,000

設例では，3月9日に，4ビットコインを200万円で購入しているので，その時点の1ビットコインは50万円である。そして，9月28日に商品を購入するのに0.3ビットコインを使ったので，使用したビットコインは15万円である。つまり，10万2,000円の商品を帳簿価額15万円分のビットコインで購入するわけである。このことは（くどいようだが），帳簿価額15万円のビットコインを時価16万2,000円で譲渡し時価と同一価額の商品を対価として受領しているのと変わらない。したがって，1万2,000円の譲渡益が計上されることになる。なお，資産の購入や役務提供の対価の支払いが消費税の課税取引に該当する場合には，税抜経理方式又は税込経理方式のいずれか法人の選択している方法により経理処理することになる。（その意味では上記の仕訳は税込経理方式と同様である。）

　この処理は，基本的には税務も会計も変わらない。また，例えば，資産の売買や役務提供が時価により行われなかった場合において，時価と実際の取引との差額について贈与したものと認められる場合には，贈与側の法人で寄附金課税（法法37①②③），受贈側の法人で受贈益課税が行われる。この場合，贈与側の法人と受贈側の法人との間に法人による完全支配関係がある場合にはいわゆるグループ法人税制が適用され，贈与側では寄附金の損金不算入，受贈側では受贈益の益金不算入といった処理になる（法法37②，25の2①））がこれらの法人税法上の取扱いは支払手段が仮想通貨かどうかによって変わるものではない。

2　仮想通貨の交換

　仮想通貨を他の仮想通貨に交換する場合も1と同様の処理となる。これについては，国税庁FAQに仮想通貨同士の交換を行った場合の設例がある（国税庁FAQ3）ので，この設例を用いて以下説明する。

　3月9日　2,000,000円（支払手数料を含む。）で4ビットコインを

　　　　　購入した。
　11月2日　10リップルを購入する際の決済に1ビットコインを支払った。

3月9日　（借方）ビットコイン　2,000,000　（貸方）現　金　　　2,000,000
11月2日　（借方）リップル　　　　600,000　（貸方）ビットコイン　500,000
　　　　　　　　　　　　　　　　　　　　　　ビットコイン譲渡益　100,000

　つまり，60万円の他の仮想通貨（リップル）を帳簿価額50万円分のビットコインで購入するので10万円の譲渡益が計上されるわけである。

Q7 仮想通貨のマイニングによる取得

　当社は，コンピュータを揃えいわゆるマイニングを行い，仮想通貨を取得しました。この場合の法人税法上の処理はどのようになるのでしょうか。

A7

　マイニングにより仮想通貨を取得した場合，その取得価額に相当する金額の収益（時価）については所得の金額の計算上益金の額に算入され，マイニングに要した費用については所得の金額の計算上損金の額に算入されることになります。

解　説

　仮想通貨の取得には購入ではなくマイニングと呼ばれる手法がある。マイニングとは，一般に，仮想通貨を獲得するためにコンピュータによる演算処理を繰り返し行うことをいう。仮想通貨の技術的な説明は，他の専門書によらざるを得ないが，筆者の大雑把な理解で言えば，仮想通貨は，特殊な暗号技術を用いたデータのかたまり（ブロックと呼ばれる）であり，このかたまりはコンピュータによる複雑な演算を行うこと

で生み出される。そして，ブロックを大量に作成していくことでシステムの堅牢制が増し，ネットワーク内での仮想通貨としての安定性が得られるため，複雑な演算を行ってブロックを生み出した場合には，報酬として仮想通貨が与えられるようにあらかじめプログラムされているというものである（マイニングの仕組みについては中島真志『After Bitcoin 仮想通貨とブロックチェーンの次なる覇者』（新潮社2017）を参考にした）。

したがって，マイニングとして行われる行為は，計算能力を提供することによって，その仮想通貨の取引の安定性やシステムの堅牢性を保つための役務の提供であり，その役務の提供により恩恵を受けるのはネットワークに参加する者，このシステムを利用する者全体であると考えられる（安河内誠「仮想通貨の税務上の取扱い－現状と課題－」税大論叢88号421頁（2017））。

国税庁FAQでは，法人税については，マイニングにより仮想通貨を取得した場合，その取得価額に相当する金額の収益（時価）については所得の金額の計算上益金の額に算入される旨明らかにしている（国税庁FAQ 6 ）。

したがって，取得した仮想通貨の取得時点における市場価格で収益計上することとなる。

一方，本実務対応報告ではマイニングについては，マイニングにより取得した仮想通貨が本実務対応報告の範囲に含まれる（本実務対応報告26項）とするだけで，具体的な取扱いは明らかにしていない。したがって，企業会計上，マイニングによる仮想通貨の取得時には取得価額を０（ゼロ）とすることも可能性としては考えられる。この場合には，申告調整において取得価額に相当する金額につき所得に加算し，税務上，仮想通貨を認識しておく必要がある。もっとも，期末に当該仮想通貨を保有している場合には，市場価格で評価（活発な市場がある場合）されるので，その法人の処理に応じて，税務上の申告調整をすれば足りるであ

ろう。

　また，マイニングに要した費用には，例えば，コンピュータの減価償却費，人件費，電気代，家賃等が考えられるが，国税庁FAQでは，マイニングに要した費用については所得の金額の計算上損金の額に算入されることが明らかにされている（同FAQ）。基本的には，これらの費用は期間費用として計上されることとなるものと考えられる。

Q8 仮想通貨による証拠金取引

　当社は，資金運用の一環として仮想通貨の証拠金取引を行っています。外国為替証拠金取引の場合には期末に未決済のものがある場合には，みなし決済損益額を計上しなければならないこととされていますが，仮想通貨の場合にも，みなし決算損益額を計上しなければなりませんか。

A8

　平成31年（2019年）4月1日以後に開始する事業年度において法人が仮想通貨の証拠金取引を行った場合，当該事業年度終了時に決済されていない取引がある場合には事業年度末に決済したものとみなして計算した損益相当額を計上する必要があります。また，同日前に開始し，かつ，同日以後に終了する事業年度において法人が仮想通貨の証拠金取引につき会計上時価評価損益を計上していない場合にはみなし決済損益額を計上しないことができることとされる予定です。

解　説

　平成31年度の税制改正において，法人が事業年度末に有する未決済の仮想通貨の信用取引等については，事業年度末に決済したものとみなして計算した損益相当額（以下「みなし決済損益額」という。）を計上することとされる予定である（税制改正大綱第二，三6(2)④）。

この改正は，平成31年（2019年）4月1日以後に終了する事業年度分の法人税について適用するとされているが，同日前に開始し，かつ，同日以後に終了する事業年度については，会計上仮想通貨につき時価評価していない場合には，みなし決済損益額を計上しないことができるとする経過措置が講じられることとされている（同大綱第二，三6(2)（注））。

　この税制改正の内容を踏まえれば，平成31年（2019年）4月1日以後に開始する事業年度で行われる仮想通貨の証拠金取引については，みなし決済損益額の計上が法人税法上は強制されることになり，同日前に開始し同日後に終了する事業年度にあっては，会計上時価評価損益を計上していない場合に限り税務もみなし決済損益額の計上はしなくてもよいことになる。

　もっとも，会計上は，証拠金取引はデリバティブ取引に該当するため，その債権及び債務は時価をもって貸借対照表価額とし，評価差額は原則として当期の損益として処理することとされている（金融商品に関する会計基準25項）。このため，金融商品会計基準が適用される法人については，会計上は時価評価損益を計上しているものと考えられることから，経過措置の対象年度においても，ほとんどの法人はみなし決済損益額の計上が税務上も求められるのではないかと考えられる。

〔菅原　英雄〕

Ⅲ 仮想通貨と消費税

Q1 仮想通貨取引の消費税法上の取引分類

当社は，仮想通貨を用いて決済を考えています。そこで，一般的に，仮想通貨そのものの取引について，消費税は課税されますでしょうか。

A1

仮想通貨に係る取引が消費税法上，課税取引，非課税取引，不課税取引，免税取引のいずれに該当するのかという点によります。

解　説

1　改正前の仮想通貨に対する取扱い

平成29年度税制改正前の消費税法上の取扱いでは，ビットコイン等に代表される仮想通貨の取引については，支払手段その他これに類するものに含まれていなかったことから，課税取引として取り扱われていた。また，内外判定についても，仮想通貨の譲渡が譲渡を行う者のその譲渡に係る事務所等の所在地で判定するため，当該譲渡が国内にあれば国内取引，国外であれば国外取引となる。

2　消費税法上の仮想通貨の範囲

資金決済に関する法律（以下「資金決済法」という。）において仮想通貨が支払の手段として位置づけられたことや，EU等では仮想通貨の譲渡は非課税とされていること等を踏まえ，平成29年度税制改正によって仮想通貨の譲渡については，消費税上，非課税取引とする改正が行われた。

具体的には，消費税が非課税とされる支払手段に類するものの範囲に，資金決済法2条5項に規定する仮想通貨が追加された（消令9④）。

【消費税法施行令9条】

> 第九条　法別表第1第2号に規定する有価証券に類するものとして政令で定めるものは，次に掲げるものとする。
>
> 　4　法別表第1第2号に規定する支払手段に類するものとして政令で定めるものは，資金決済に関する法律第2条第5項（定義）に規定する仮想通貨及び国際通貨基金協定第15条に規定する特別引出権とする。

　このように，消費税法施行令9条4項では，資金決済法2条5項の仮想通貨に該当するものが消費税法上の「支払手段に類するもの」とされることになる。したがって，下図のように，資金決済法に規定する仮想通貨に該当しないものの譲渡については，消費税法上，非課税取引に該当しないことから，課税取引に該当することになる。

【仮想通貨の範囲】

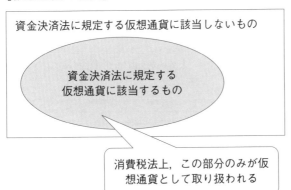

3　資金決済法上の仮想通貨の定義

　仮想通貨の定義については，資金決済法2条5項において以下のように規定されている。

Ⅲ　仮想通貨と消費税

【資金決済法2条5項】

> 5　この法律において「仮想通貨」とは，次に掲げるものをいう。
> 一　物品を購入し，若しくは借り受け，又は役務の提供を受ける場合に，これらの代価の弁済のために不特定の者に対して使用することができ，かつ，不特定の者を相手方として購入及び売却を行うことができる財産的価値（電子機器その他の物に電子的方法により記録されているものに限り，本邦通貨及び外国通貨並びに通貨建資産を除く。次号において同じ。）であって，電子情報処理組織を用いて移転することができるもの
> 二　不特定の者を相手方として前号に掲げるものと相互に交換を行うことができる財産的価値であって，電子情報処理組織を用いて移転することができるもの

以上のように1号又は2号に該当するものが資金決済法における仮想通貨ということになる。

4　改正趣旨

『改正税法のすべて　平成29年版』によれば，改正の趣旨について以下のように説明している[*1]。

> ICTの進展等を背景に，近年，インターネットを通じて電子的に取引される仮想通貨が登場しています。仮想通貨には様々な種類がありますが，代表的な例である「ビットコイン」を見てみると，法定通貨とは異なり，特定の発行主体の債務として発行されるものではなく，いわゆる「ブロックチェーン」技術を用いて中央管理者による管理を介さずに流通するといった特徴を有しているといわれて

[*1]　大蔵財務協会『改正税法のすべて　平成29年版』905〜906頁（大蔵財務協会2017）。

おり，外為法上の支払手段には該当しないものの，財貨・サービスの販売，提供などの対価として，現金等に代えて仮想通貨による支払いを受け入れる事業者も増加しているといわれています。

　こうした中，利用者保護やマネー・ロンダリング対策の観点から，仮想通貨交換業者の登録制度の導入やマネー・ロンダリング対策規制，利用者保護のためのルール整備等を内容とする「情報通信技術の進展等の環境変化に対応するための銀行法等の一部を改正する法律」（平成28年法律第62号）が成立し，平成29年4月1日から施行されています。

　同法による改正後の「資金決済に関する法律」（平成21年法律第59号。以下「改正資金決済法」といいます。）において，仮想通貨は，
・不特定の者に対して，代金の支払い等に使用でき，かつ，法定通貨と相互に交換ができること，
・電子的に記録され，移転できること，
・法定通貨又は法定通貨建ての資産ではないこと
等の性質を持つ財産的価値と定義されています。

　このように，資金決済に利用される等，仮想通貨が支払手段として利用されていることや諸外国における取扱い等から，資金決済に関する法律が改正され，その仮想通貨の実態に即して，仮想通貨についても支払手段として取り扱うこととされるようになったということである。

5　改正後の仮想通貨に対する取扱い

　消費税は，国内における消費一般に対して広く公平に負担を求める税であり，原則として国内において行われる資産の譲渡等及び特定仕入れ並びに保税地域から引き取られる外国貨物を課税対象としている。

　しかし，その取引の中には，消費に負担を求める税としての性格から見て課税の対象とすることになじまないものや，社会政策的な配慮から

課税することが適当でないものがある。このような取引については，非課税取引として消費税を課さないこととしている（消法6①，②）。

そこで，消費に負担を求める税の性格上，課税することになじまないものとして，消費税法上，国内において行われる資産の譲渡等のうち，有価証券その他これに類するものとして政令で定めるもの（ゴルフ場その他の施設の利用に関する権利に係るものとして政令で定めるものを除く。）及び外国為替及び支払手段（収集品その他の政令で定めるものを除く。）その他これに類するものとして政令で定めるもの（「有価証券等」という。）の譲渡については，消費税を課さないと規定している（消法6①，消法別表1二，消基通6－2－1～6－2－3）。

国内の仮想通貨交換業者を通じて資金決済法2条5項に該当する仮想通貨の譲渡については，消費税法上の「支払手段に類するもの」の譲渡として，非課税取引となる。

なお，消費税法上，支払手段とは，外国為替及び外国貿易法6条1項7号に規定する支払手段をいい，具体的には，銀行券，政府紙幣，小額紙幣，硬貨，小切手，為替手形等をいうとしている。

また，支払手段等の譲渡については，その性格に鑑み，課税売上割合の計算に含めないこととされている（消法30⑥，消令48②一）。

【改正後の有価証券等の取扱い】

①有価証券	・国債証券，地方債証券，社債券，新株予約権証券，株券 ・日本銀行等の発行する出資証券 ・投資信託，貸付信託の受益証券 ・コマーシャルペーパー（CP），外国法人が発行する譲渡性預金証書（海外CD）	非課税
	・船荷証券，貨物引換証，倉庫証券又は株式，出資若しくは預託の形態によるゴルフ会員権等（これらは非課税とされる有価証券に含まれない）	課税
②有価証券に類するもの	・登録された国債，地方債，社債，株券の発行がない株式等 ・合名会社等の社員の持分，協同組合等の組合員や会員の持分等 ・貸付金，預金，売掛金その他の金銭債権	非課税

③支払手段	・銀行券，政府紙幣，小額紙幣及び硬貨 ・小切手（旅行小切手を含む），為替手形及び約束手形 ・信用状等 ・仮想通貨（平成29（2017）年7月1日以降の譲渡）	非課税
	・上記のうち，収集品や販売用のもの	課税

6 適用時期

　この仮想通貨に係る改正は，平成29年（2017年）7月1日（以下「施行日」という。）以後に国内において事業者が行う資産の譲渡等及び課税仕入れについて適用される。また，施行日前に国内において事業者が行った資産の譲渡等及び課税仕入れについては，なお従前の例によることとされている（平成29年消令附則2）。

ま と め

　なお，平成29年（2017年）6月30日までの仮想通貨の取引は，消費税法上，課税取引であったが，同年7月1日以降の国内の仮想通貨交換業者を通じて行う仮想通貨の取引は，消費税法上，支払手段の1つに含まれ，通貨と同様の取扱いになったことから，非課税取引として取り扱う。

〔参考〕経過措置等
① 仕入税額控除の不適用
　施行日前に仮想通貨を駆け込みで仕入れることが行われ，仮想通貨の市場に大きな影響を及ぼすことを回避する観点から，①施行日の前日に100万円以上（税抜き）の仮想通貨を有しており，かつ，②施行日前1月間の平均保有数量に比べ，施行日前日の保有数量が増加している場合には，当該増加分の課税仕入れに係る消費税額については，仕入税額控除を認めないとする経過措置が設けられている（29年消令附則8）。
　すなわち，国内において譲り受けられた仮想通貨を100万円（税抜き）以上保有する場合に，平成30年6月1日の仮想通貨の保有数

量が，平成30年6月1日から6月30日までの1か月の平均保有量と比較して増加した場合に，その増加分の課税仕入れに係る消費税につき，仕入税額控除が認められないというものである。

② 課税事業者選択届出に関する経過措置

上記②の仮想通貨の譲渡に係る売上げを除外する経過措置によって，基準期間における課税売上高又は特定期間における課税売上高が1,000万円以下となったため，納税義務が免除されることとなった事業者は，平成29年7月1日以後に開始する課税期間において，平成29年12月31日までに課税事業者選択届出書を納税地の所轄税務署長に提出した場合には，その届出書を提出した日の属する課税期間から課税事業者となることを選択することができる措置が講じられている（平成29年消令附則4）。

③ その他の経過措置

この他，簡易課税選択届出に関する経過措置（平成29年消令附則12），長期割賦販売等に係る経過措置（平成29年消令附則6），売上げ返還に係る経過措置（平成29年消令附則13），貸倒れに係る経過措置（平成29年消令附則14），仕入れ返還に係る経過措置（平成29年消令附則9），調整対象固定資産を転用した場合の経過措置（平成29年消令附則10），棚卸資産に係る調整の経過措置（平成29年消令附則11）が設けられている。

Q2 購入・売却・期末評価

当社は，主に商品売買を行う販売業を行っている企業です。インターネットを利用して商品を通信販売で販売する際の代金の決算手段として，利用者の利便性を考え，仮想通貨での決済を考えています。このように，仮想通貨での決済を行うに当たって，消費税法上，当社はどのように処理すればよいでしょうか。なお，当社では国内の仮想通貨交換業者を通じ

て仮想通貨の取引を行っています。

〔例〕
　　X1年8月25日　10BTC購入した。（1BTC＝650,000円）
　　X2年1月10日　2BTCで商品1,320,000円を仕入れた。（1BTC＝670,000円）
　　X2年1月20日　1BTCで給与690,000円を支払った。（1BTC＝680,000円）
　　X2年2月15日　1BTCを売却した。（1BTC＝720,000円）

A2　仮想通貨を用いて売買することから，消費税法上，①仮想通貨を購入する場合の取扱い，②仮想通貨を売却する場合の取扱い，③仮想通貨の換算差額の取扱いが論点となる。

解　説

平成29年（2017年）7月1日以降の仮想通貨の取引は，消費税法上，支払手段の1つに含まれ，通貨と同様の取扱いになったことから，非課税取引として取り扱う。

1　仮想通貨を購入する場合の取扱い

仮想通貨の譲渡は非課税取引であることから，仮想通貨を購入した場合は，その購入に際し支払った総額が非課税仕入れとなる（消法6①，消法別表1二）。

X1年8月25日（仮想通貨の購入）
（借）　仮想通貨仕入　　6,500,000　　（貸）　現　金　預　金　　6,500,000
　　　（非課税仕入れ）

2　仮想通貨を用いて支払う場合

商品購入やサービスの提供を受けて仮想通貨を用いて支払った場合，仮想通貨を売却して円に換算して支払ったものとして取り扱われるので，

その仮想通貨の売却についてその売却総額が非課税売上げとなる。また，仮想通貨を用いて支払う場合の取引区分は，その取引の種類によって，消費税の課税は異なる。なお，換算差損益は消費税の計算上，関係しない。

X2年1月10日（商品購入）

（借）仕　　　　入　1,320,000　　（貸）仮想通貨売上　　1,340,000
　　　　（課税仕入れ）　　　　　　　　　　（非課税売上げ）
　　　仮想通貨換算差損益　20,000

X2年1月20日（給与支払）

（借）給　　　　与　　690,000　　（貸）仮想通貨売上　　　680,000
　　　　（不課税仕入れ）　　　　　　　　　（非課税売上げ）
　　　　　　　　　　　　　　　　　　　　仮想通貨換算差損益　10,000

　なお，仮想通貨売上は，課税売上割合の計算上，分母の非課税売上げに含めないこととされている（消法30⑥，消令48②一）ので，課税売上割合の計算に影響しない。

3　仮想通貨を売却した場合

　売却時のレートで仮想通貨に係る売上げを認識する。

X2年2月15日（売却）

（借）現　金　預　金　　720,000　　（貸）仮想通貨売上　　　720,000
　　　　　　　　　　　　　　　　　　　　（非課税売上げ）

4　期末評価

　期末時点で保有する仮想通貨に係る評価損益については，資産の譲渡等に該当しないことから，消費税の課税関係は生じない。

> まとめ

　仮想通貨を用いて取引する場合，購入時は非課税仕入れとなり，支払時はまず仮想通貨を売却して円に換算してから支払う処理となる。また，仮想通貨に係る換算損益や評価損益については，消費税の課税関係は生

じない*2。なお，この場合の非課税売上げは課税売上割合の計算上，影響しない。

Q3 課税売上割合の計算

当社は，保有している仮想通貨を譲渡しました。国内の仮想通貨交換業者を通じて行う仮想通貨の取引は消費税上，非課税取引とされているとのことですが，仮想通貨の譲渡によって，控除対象仕入税額を計算する際の課税売上割合が低下し，控除対象仕入税額が小さくなりますか。

A3
仮想通貨に係る資産の譲渡等は，課税売上割合の計算上，どのように取り扱われるのかという点である。

解　説

課税売上割合とは，当該事業者が当該課税期間中に国内において行った資産の譲渡等（特定資産の譲渡等に該当するものを除く。）の対価の額の合計額のうち，当該事業者が当該課税期間中に国内において行った課税資産の譲渡等の対価の額の合計額の占める割合をいう（消法30⑥，消令47の2・48，消基通11－5－4・11－5－5）。

$$課税売上割合 = \frac{その課税期間中の国内における課税資産の譲渡等の対価の額の合計額}{その課税期間中の国内における資産の譲渡等の対価の額の合計額}$$

$$= \frac{課税売上げ（税抜き）＋免税売上げ}{課税売上げ（税抜き）＋非課税売上げ＋免税売上げ}$$

上記のように課税売上割合の算式では，非課税売上げは原則として分

＊2　仮想通貨の取得や仮想通貨の移転に伴う手数料に係る消費税の取扱いについては，安河内誠「仮想通貨の税務上の取扱い―現状と課題―」（税大論叢88号）427～431頁（2017）で検討されている。

母の計算において含まれる。

 しかし，課税売上割合の計算上，資産の譲渡等には，支払手段又は仮想通貨若しくは特別引出権の譲渡は含まないものとする，と規定している（消令48②一）。

 したがって，課税売上割合の計算において，分母の非課税売上げには，仮想通貨に係る売上げは含まないで計算することになる。

 なお，非課税売上げに加える特定の有価証券等及び貸付金，預金，売掛金その他の金銭債権（資産の譲渡等の対価として取得したものを除く。）の譲渡等の対価の額は，その譲渡の対価の額の5％に相当する金額とされている（消令48⑤）。

　まとめ

 仮想通貨は支払手段の1つに含まれることとなったことから，仮想通貨の譲渡については，課税売上割合の計算上，分母の非課税売上げに含めないこととされている（消法30⑥，消令48②一）。したがって，仮想通貨の譲渡は，課税売上割合の計算に影響しない。

参考：国税庁「仮想通貨に関する税務上の取扱いについて（FAQ）」
　　（平成30年11月）18　仮想通貨を譲渡した場合の消費税

Q4 基準期間における課税売上高

当社は，平成29年（2017年）6月30日以前，仮想通貨の売買を行っていました。当社の当課税期間は平成31年（2019年）1月1日から同年12月31日までです。当社の当課税期間の課税事業者の判定に当たり，基準期間は平成29年（2017年）1月1日から同年12月31日までとなり，仮想通貨に係る売却が課税売上げとなる期間を含んでいます。平成29年（2017年）6月30日までは課税売上げですから，当社では基準期間における課税売上げに当該仮想通貨に係る課税売上げを含めて処理しようと考えています。

このような当社の処理に問題はありませんでしょうか。

A4

基準期間における課税売上高及び特定期間における課税売上高を計算する際に，平成29年（2017年）6月30日までに行った仮想通貨の譲渡のをどのように取り扱うのかという点である。

解　説

小規模事業者の納税義務の免除の特例に関する経過措置として，平成29年（2017年）7月1日以後に開始する課税期間に係る基準期間における課税売上高又は特定期間における課税売上高については，当該課税期間に係る基準期間又は当該課税期間に係る特定期間の初日が，平成29年（2017年）7月1日前であるときは，仮想通貨の譲渡を非課税取引としての取扱いが，当該基準期間又は当該特定期間の初日から施行されていたものとして，それぞれの課税売上高を計算するという取扱いが規定されている（平成29年消令附則3）。

すなわち，改正前は仮想通貨の譲渡は，課税売上げであったことから基準期間における課税売上高及び特定期間における課税売上高に含まれ

ていた。

　しかし，改正後は国内の仮想通貨交換業者を通じて行う仮想通貨の譲渡は非課税売上げとなったが，平成29年（2017年）6月30日までの譲渡であっても，その6月30日までの期間を含む基準期間又は特定期間であった場合には，それぞれの期間において，当初から非課税売上げとして取り扱うことになるため，基準期間における課税売上高及び特定期間における課税売上高からは除くことになる。

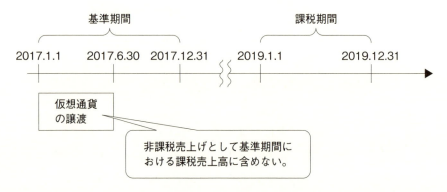

まとめ

　小規模事業者の納税義務の免除の特例に関する経過措置によって，平成29年（2017年）6月30日までに仮想通貨の譲渡を行っていたとしても，基準期間における課税売上高及び特定期間における課税売上高には，含めないことになる。

　したがって，平成29年（2017年）6月30日までに仮想通貨の譲渡を行っていた場合は，同年7月1日以後に開始する課税期間については，改正前に行った納税義務の判定をやり直さなければならなくなる。

Q5 仮想通貨の範囲

当社は，ブロックチェーン上で発行される独自コインであるトークンを利用して資金調達をしようと考えています。

そこで，トークンで資金調達した場合の消費税の課税関係はどのようになりますか。

A5
トークンは消費税法上の仮想通貨の範囲に含まれるのかという点である。

解　説

仮想通貨に該当するための要件は，資金決済法2条5項に規定されている。この要件を満たしたものだけが，消費税法上でも仮想通貨として扱われ，非課税取引として取り扱う。すなわち，国内で登録された仮想通貨交換業者が取り扱っているビットコインをはじめとする仮想通貨は，消費税法上，仮想通貨の範囲に含まれるので，少なくとも国内の仮想通貨交換業者を通じて行う仮想通貨の取引は非課税取引として取り扱うことに問題はない。

しかし，ブロックチェーン上で発行される独自コインであるトークンを取引した場合，資金決済法2条5項に該当するか否かの判断によって，仮想通貨の範囲に含まれるのか否かの判断が必要になる。トークンのような場合，仮想通貨交換業者がいない場合も考えられる（国内であれば仮想通貨交換業者が登録しなければならないが，国外であれば日本の法律は及ばない。）ことから，国内事業者が取引をした場合は，当該譲渡に係る事務所等の所在地で判定することになると思われるため，国内取引に該当する可能性も考える必要がある。

その他，仮想通貨は種類も非常に多く存在し，また，インターネットで売買できることから，直接海外の取引所等を通じて仮想通貨の売買を

することも可能である。その場合，資金決済法2条5項では，特に国内の仮想通貨のみを限定して定義してはいないので，海外の取引所で取引する仮想通貨が資金決済法2条5項に該当するか否かについて，個別に判定しなければならなくなると思われる[*3]。

まとめ

　仮想通貨の範囲については，あくまでも資金決済法2条5項の要件を満たすか否かによって判定することになる。

　仮想通貨をめぐる技術は日進月歩で進化していることから，資金決済法上の仮想通貨に該当しない場合の取扱いについても考慮する必要がある。また，そもそも仮想通貨を投資目的として利用している場合に，現行のように非課税取引とすることに問題はないのかという疑問も残る。

[秋山　高善]

＊3　「仮想通貨・トークンは，ブロックチェーンを要素技術とすることが通常であるが，ブロックチェーンを用いたトークンすべてが資金決済法上の『仮想通貨』に該当するわけではない。」という指摘がある（末廣裕亮＝堀天子「税理士がフォローすべき論点を整理　仮想通貨のイロハ」税務弘報66巻7号14頁（2018））。

IV 仮想通貨と相続税・贈与税

はじめに

仮想通貨の取引が拡大してきており，所得税課税の問題が税務の問題としてクローズアップされてきている。今後は，仮想通貨の所有者が死亡した場合の相続税の問題も顕在化することが考えられるが，取扱いは明確ではない。そこで，本稿では，仮想通貨と相続税・贈与税を取り上げ，以下の6つの問いについて，考えを述べることとする。

① 仮想通貨は相続税・贈与税の課税対象となるのか
② 仮想通貨のパスワードが不明な時にも同様に相続税・贈与税の課税対象となるのか
③ 仮想通貨の相続税・贈与税の評価はどうするのか
④ 仮想通貨の相続税・贈与税の課税上，財産の所在地はどこになるのか
⑤ 相続後，仮想通貨を処分したときに相続税の取得費加算は適用になるのか
⑥ 仮想通貨は物納ができるのか

Q1 仮想通貨に関する相続税法上の考え方

仮想通貨は相続税・贈与税の課税対象となるのでしょうか。

A1 仮想通貨は財産的価値があり，相続税・贈与税の課税対象となります。

解説

相続税は，原則，個人が相続又は遺贈（贈与をした者の死亡により効

力を生ずる贈与を含む。以下同じ。）により財産を取得した場合に課税される（相法1の3）。また，贈与税は，原則，個人が贈与（贈与をした者の死亡により効力を生ずる贈与を除く。以下同じ。）により財産を取得した場合に課税される（相法1の4）。ここでいう財産とは，金銭に見積ることができる経済的価値のあるすべてのものをいい，物権，債権及び無体財産権が当然に含まれ，法律上の根拠を有しないものであっても経済的価値が認められるもの（営業権のようなもの）が含まれるとされている（相基通11の2－1）。

　資金決済法2条5項では，「仮想通貨」を次のように定義する。

一　物品を購入し，若しくは借り受け，又は役務の提供を受ける場合に，これらの代価の弁済のために不特定の者に対して使用することができ，かつ，不特定の者を相手方として購入及び売却を行うことができる財産的価値（電子機器その他の物に電子的方法により記録されているものに限り，本邦通貨及び外国通貨並びに通貨建資産を除く。次号において同じ。）であって，電子情報処理組織を用いて移転することができるもの
二　不特定の者を相手方として前号に掲げるものと相互に交換を行うことができる財産的価値であって，電子情報処理組織を用いて移転することができるもの

　このように法律において，仮想通貨は財産的価値とされる。また，内容的にも価格がついて流通しているとともに，投資対象となっている。さらには，物との交換もできるということで，金銭に見積もることができる経済的価値のあるものと捉えることができるため，相続税法上の財産と判断することに問題はないものと思われる。

　この点に関して，国会においても議論がなされている。平成30年(2018年)3月23日の参議院，財政金融委員会において，藤巻健史氏の質問に

対して，当時の国税庁次長藤井健志氏が「相続税法では，個人が金銭に見積もることができる経済的価値のある財産を相続又は遺贈により取得した場合には，課税対象となり，仮想通貨については，資金決済に関する法律上，代価の弁済のために不特定の者に対して使用することができる財産的価値と規定されておりますので，相続税が課税される」と答弁している。

平成30年（2018年）11月に国税庁より出されている「仮想通貨に関する税務上の取扱いについて（FAQ）」（以下「国税庁FAQ」という。）15においても，課税対象となる旨記載されている。

Q2 仮想通貨のパスワードが不明な時

仮想通貨のパスワードが不明な時にも同様に相続税・贈与税の課税対象となるのでしょうか。

A2 仮想通貨のパスワードが不明な時でも課税対象となるものと考えられます。

解 説

仮想通貨のパスワードが被相続人しか認識しておらず，相続人がパスワードを知らないために仮想通貨を引き出せない場合にどうするのかという論点がある。

パスワードが分からずに，被相続人の仮想通貨が相続人において処分することができない場合に，理論上は価値がなくなった財産を相続したものとしてその価値をゼロとして評価をする，又は相続財産としないとすることも考えられる[*1]。

[*1] 安河内誠「仮想通貨の税務上の取扱い―現状と課題―」税大論叢88号433頁（2017年）。

この点に関しても，平成30年（2018年）3月23日の参議院，財政金融委員会において，当時の国税庁次長藤井健志氏が以下のように答弁している。

> 　一般論として申し上げますと，相続人が被相続人の設定したパスワードを知らない場合であっても相続人は被相続人の保有していた仮想通貨を承継することになりますので，その仮想通貨は相続税の課税対象となるという解釈でございます。
>
> 　仮想通貨に関連いたしますビジネスがまだ初期段階なんだと思います。そういう意味で，仮想通貨に係る制度整備は途上ではないかと考えられますので，現状においてなかなか確たることを申し上げるのが難しいということはございますけれども，パスワードを知っている，知っていないというようなパスワードの把握の有無というのは，当事者にしか分からない，言わば主観の問題ということになってしまいます。課税当局，私どもとしては，本当のことをおっしゃっているのかどうか，その真偽を判定することは困難だと思っております。
>
> 　したがって，現時点において，相続人の方からパスワードを知らないという主張があった場合でも，相続税の課税対象となる財産に該当しないというふうに解することは課税の公平の観点から問題があり，適当ではないというふうに考えております。

　上記，国会答弁にもあるように，パスワードが分からないことを立証することは困難であるため，相続財産としない，あるいはゼロ評価にするということは問題があると考えられる。したがって，パスワードが分からないという場合であっても課税対象とすることが適当であると考えられる。

Q3 仮想通貨の相続税・贈与税の評価

仮想通貨の相続税・贈与税の評価はどのように行うのでしょうか。

A3

現状では，課税時期における取引価格によって評価をするものと考えられます。

解　説

　仮想通貨が相続税・贈与税の課税対象となるとしても，その評価が問題となろう。仮想通貨の取引価格は取引所により異なり，また取引が相対で行われることが多いことから，一義的に決めることはできない。相続財産の評価は，財産の取得の時における時価によることとされ（相法22），不特定多数の当事者間で自由な取引が行われる場合に通常成立すると認められる価額をいう（評基通1(2)）ので，相対取引の価額をそのまま適用することが適当であるか疑問である。

　さらには，仮想通貨は原則24時間取引であると思われ，上場株式のように課税時期（相続，遺贈若しくは贈与により財産を取得した日をいう。評基通1(2)）の終値という概念が成り立つのかどうかが不明である。取引している業者により対応が異なってくるのではないかと思われる。

　上場株式ですら，課税時期の終値のみならず，課税時期3か月の月中平均の4つの要素のうち一番低いものを採用している（評基通169）。仮想通貨の相場は乱高下している場合もあり，課税時期，あるいは近辺の相場だけで評価をするのは問題であろう。下記に仮想通貨の主要通貨の価格推移を掲げた[*2]が，1年の間に10万円前後から200万円へと乱高下していることがわかる。

　なお，国税庁FAQ16では，以下のように評価する旨記載されている。

＊2　主要通貨の価格推移（一般社団法人日本仮想通貨交換業協会「仮想通貨取引についての現状報告」6頁（平成30年4月10日）より引用）。

活発な市場が存在する仮想通貨は，相続人等の納税義務者が取引を行っている仮想通貨交換業者が公表する課税時期における取引価格によって評価します。

　仮想通貨の評価方法については，評価通達に定めがないことから，評価通達5（(評価方法の定めのない財産の評価)）の定めに基づき，評価通達に定める評価方法に準じて評価することとなります。

　この場合，活発な市場が存在する(注1)仮想通貨については，活発な取引が行われることによって一定の相場が成立し，客観的な交換価値が明らかとなっていることから，外国通貨に準じて，相続人等の納税義務者が取引を行っている仮想通貨交換業者が公表する課税時期における取引価格(注2,3,4)によって評価します。

　なお，活発な市場が存在しない仮想通貨の場合には，客観的な交換価値を示す一定の相場が成立していないため，その仮想通貨の内容や性質，取引実態等を勘案し，個別に評価します(注5)。

（注）1　「活発な市場が存在する」場合とは，仮想通貨取引所又は仮想通貨販売所において十分な数量及び頻度で取引が行われており，継続的に価格情報が提供されている場合をいいます。

　　　2　「仮想通貨交換業者が公表する課税時期における取引価格」には，仮想通貨交換業者が納税義務者の求めに応じて提供する残高証明書に記載された取引価格を含みます。

　　　3　仮想通貨交換業者（仮想通貨販売所）において，購入価格と売却価格がそれぞれ公表されている場合には，納税義務者が仮想通貨を仮想通貨交換業者に売却する価格（売却価格）で評価して差し支えありません。

　　　4　納税義務者が複数の仮想通貨交換業者で取引を行っている場合には，納税義務者の選択した仮想通貨交換業者が公表する課税時期における取引価格によって評価して差し支えありません。

5　例えば，売買実例価額，精通者意見価格等を参酌して評価する方法などが考えられます。

　当然，財産評価基本通達で決められなければできないことであろうが，3か月とか6か月の相場のうち一番安い価額で評価することができるような手当てが必要となろう。現状においては，課税時期，あるいは近辺の相場で評価をするしかないと思われる。

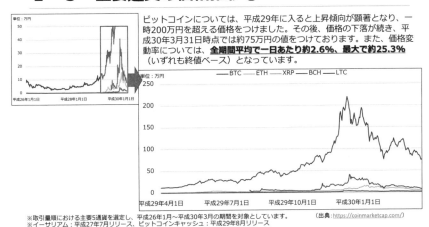

Q4　仮想通貨の所在地

仮想通貨の相続税・贈与税の課税上，財産の所在地はどこになるのでしょうか。

A4

　　仮想通貨の所在地は，被相続人又は贈与者の住所の所在になると思われます。

解 説

相続税・贈与税は，納税義務者あるいは被相続人・贈与者の住所や国籍により以下のように課税範囲が異なる。国外財産が課税対象から外れることがある（相法2②，2の2②）*3*4。

相続税法上の財産の所在地に関しては，同法10条に規定がある。通貨（現金）であれば，同条1項1号の動産となり，その動産の所在地が，財産の所在地となる。しかし，仮想通貨は動産ではなく，同条1項の他の号を見ても，該当するものはないように考えられる。したがって，同条3項によって，被相続人又は贈与者の住所の所在によることになろう。

＜平成30年4月1日以後＞　贈与税の納税義務の範囲

贈与者＼受贈者	国内に居住	一時居住者(※1)	国外に居住 日本国籍あり 10年以内に国内に住所あり	国外に居住 日本国籍あり 左記以外	国外に居住 日本国籍なし
国内に居住					
国内に居住 一時居住贈与者(※1)					
国外に居住 10年以内に国内に住所あり	国内財産・国外財産ともに課税				
国外に居住 短期滞在非居住贈与者(※2)					
国外に居住 長期滞在非居住贈与者(※3)				国内財産のみに課税	
国外に居住 上記以外(非居住贈与者)					

※1　相続開始（贈与）の時において，出入国管理及び難民認定法別表第1の在留資格を有する者であって，過去15年以内において国内に住所を有していた期間の合計が10年以下のもの
※2　その期間日本国籍のない者で，過去15年以内において国内に住所を有していた期間の合計が10年以下のもの
※3　その期間日本国籍のない者で，過去15年以内において国内に住所を有していた期間の合計が10年超のもので，出国後2年を経過した者

＊3　贈与税の納税義務の範囲。
＊4　相続税の納税義務の範囲。

＜平成30年4月1日以後＞　　相続税の納税義務の範囲

被相続人＼相続人	国内に居住	一時居住者（※1）	国外に居住 日本国籍あり 10年以内に国内に住所あり	国外に居住 日本国籍あり 左記以外	国外に居住 日本国籍なし
国内に居住	国内財産・国外財産ともに課税				
国内に居住 一時居住被相続人（※1）	国内財産・国外財産ともに課税			国内財産のみに課税	国内財産のみに課税
国外に居住 10年以内に国内に住所あり	国内財産・国外財産ともに課税				
国外に居住 非居住被相続人1（※2）	国内財産・国外財産ともに課税			国内財産のみに課税	国内財産のみに課税
国外に居住 上記以外（非居住被相続人2）	国内財産・国外財産ともに課税			国内財産のみに課税	国内財産のみに課税

※1　相続開始（贈与）の時において、出入国管理及び難民認定法別表第1の在留資格を有する者であって、過去15年以内において国内に住所を有していた期間の合計が10年以下のもの
※2　いずれの時においても日本国籍のない者

Q5 仮想通貨の処分と取得費加算の適用

相続後，仮想通貨を処分したときに相続税の取得費加算は適用になるのでしょうか。

A5

取得費加算の適用はないと思われます。

解　説

被相続人から相続人が仮想通貨を引き継いだ場合に相続税が課され，その後に，その仮想通貨を処分したり，物と交換した場合に，相続税の取得費加算（措法39）が適用になるのかという論点もある。

平成30年（2018年）3月23日の参議院，財政金融委員会において，財務省主税局長星野次彦氏が以下のように答弁している。

仮想通貨の取引による所得についてこういった特例を設けるかどうかということになるわけですけれども，これもこれまで議論されておりますが，土地や株式の譲渡による所得は原則譲渡所得に区分されるわけでございますけれども，仮想通貨の譲渡による所得は原則雑所得に区分されるものでございまして，性質が異なっているということ。それから，雑所得はほかのいずれの所得にも該当しない所得ということで様々な内容の所得が含まれ得ることになりますので，どういった考え方に基づいて雑所得の計算上相続税額を控除するのか，そこの筋道立った整理がなかなか難しいことといった課題がございまして，慎重な検討が必要であると考えております。

　上記，国会答弁にもあるように，相続税の取得費加算は難しいと考えられる。

Q6 仮想通貨の物納

仮想通貨で物納できるのでしょうか。

A6 物納はできないと思われます。

解　説

　相続税では，相続税を金銭で納付することが困難であり，延納によっても納付困難とする事由がある場合には，納税者の申請により，一定の相続財産による物納が認められている（相法41）。その時の収納価額は，課税価格計算の基礎となった当該財産の価額によることになっている。ただし，収納の時までに当該財産の状況に著しい変化が生じたときは，

税務署長は収納の時の現況により当該財産の収納価額を定めることができるとされている（相法43①）。そして，次のような場合には，「収納の時までに当該財産の状況に著しい変化を生じたとき」に該当する。

・震災，風水害，落雷，火災その他天災により法人の財産が甚大な被害を受けたことその他の事由により当該法人の株式又は出資証券の価額が評価額より著しく低下したような場合

　　ただし，証券取引所に上場されている株式の価額が証券市場の推移による経済界の一般的事由に基づき低落したような場合には，この「その他の事由」に該当しないものとして取り扱われる（相基通43－3(8)）。

したがって，仮想通貨が相続税の課税対象となり，相続税評価額から相場が大きく下落をした場合などに物納が認められ，相続税評価額で収納されるのであれば，納税者は非常に有利になることがある。

しかし，現行法上，物納財産は次に掲げる財産及び順位でその所在が日本国内にあることと限定されているため（相法41②），仮想通貨は該当しないものと考えられる。

　第1順位　不動産，船舶，国債証券，地方債証券，上場株式等
　第2順位　非上場株式等
　第3順位　動産

なお，平成30年（2018年）7月12日付け日経新聞（夕刊）によると，兵庫県警が駐車違反の違反金3,800円に対して，仮想通貨3,800円分を差し押さえたとの報道があった。当然に，現金化したときのレートで収納されるとのことで，国税の滞納があった時の対応も同様となろう。

おわりに

本稿で，仮想通貨について相続税・贈与税の諸問題を取り上げた。仮想通貨が相続税・贈与税の課税対象となる点については，異論がないものと思われるが，特に相続税評価額について財産評価基本通達で手当て

をしないと，課税時期の時価，すなわち課税時期の取引価額のみで評価をせざるを得ないことになる。相場が乱高下することがある以上，課税時期前3か月とか6か月の相場のうち一番安い価額で評価することができるような手当てが早急に必要であると考える。本稿で取り上げた論点，あるいは本稿で取り上げたもの以外の事項について，今後，相続税・贈与税の課税の取扱いが明確化されることを望む。

［松岡　章夫］

第3章
理論編

I 仮想通貨の法的性質

1 問題の所在

1 はじめに─実定法の議論

我々実務法曹は，立法論を論じるのでない限り，現に通用している実定法の解釈論をもって実務に臨まなければならない。

そこで，実定法の法源とされるのは，次のとおりとされる*1。

① 成文法
② 慣習法（補充的効力）
③ 判例（法）*2（事実的効力）
④ 条理（法源自体ではないが裁判所によって適用される規範）

2 資金決済法上の「仮想通貨」の定義

仮想通貨については，「情報通信技術の進展等の環境変化に対応するための銀行法等の一部を改正する法律」（平成28年6月3日法律第62号）による資金決済法の一部改正で，公法上，改正資金決済法2条5項で定義が与えられ，金融規制法上の位置付けが与えられた。厳密には法文によるべきであるが，これを平易にいえば，「不特定の者に対する支払手段で換金性があり，通貨並びに通貨建資産及びこれに準じるもの以外のもので，コンピュータで処理される電子記録」というべきものである*3。

法律上の概念は，いうまでもなく，法律ごとに定義されるものであり，

---

*1 我妻榮「新訂民法総則（民法講義Ⅰ）」7頁以下（岩波書店2017）。
*2 「判例」とは，実務家は，狭義には，最高裁判所の裁判例であって，いわゆる民集又は刑集の判決要旨として示されるような先例とされる裁判法理をいい，最高裁判所の判決であっても，集民又は集刑に搭載されたいわゆる事例判例や，下級審裁判例は，「判例」とは言わない。
*3 法文では，「財産的価値」との文言で括られているが，「換金性」があることが事実としての要件事実になっており，「財産的価値」というのは「評価」であって，立法当局もいうように，要件としての積極的意味はない。

その定義は，資金決済法上の概念にとどまる。しかし，様々な法律で特段定義することなく一定の概念が用いられた場合は，解釈問題を生じるが，通常，その概念が何らかの法律によって定義された法令用語である場合には，「借用概念」として他の法律の定義及びその解釈に従うのが一般である[*4]。したがって，今後，法律家が「仮想通貨」という用語を用いる場合には，特段の限定を付けて用いるものでない限り，資金決済法が定義する仮想通貨に該当するものをいうのでなければ，法律的観点からは誤用ということになる。

そこで，本稿でも「仮想通貨」というときは，資金決済法上の仮想通貨概念を指す。

なお，仮想通貨が様々な法律との関係で，その法概念に該当するかどうかについて，本稿末尾に筆者の考える一覧表を掲げる。

3 「仮想通貨」概念の多様性

しかし，資金決済法上の仮想通貨の概念は，「記述的」概念ではなく，また，民商法等の私法上の概念とは無関係に定義された「機能的」な概念であり，また，相当広い概念でもある。

したがって，例えば，前払式支払手段（資金決済法3①）は，平易にいえば，「特定の者に対する支払手段で，対価を得て発行されるもの」であるが，そうして発行されたものであっても，通貨建てのものでなく数量表示のものであって（資金決済法3①二参照），これを不特定の者が支払手段として受け入れ，換金性の要件を満たすものとなったときは[*5]，仮想通貨の概念に当たり得る。

また，仮想通貨のうち，bitcoin（ビットコイン）[*6]に代表される第一

[*4] 金子宏『租税法〔第22版〕』119頁（弘文堂2017）。他の法分野ではあまり「借用概念」ということが言われないが，私法公法を通じる概念というべきであると考える。
[*5] もっとも，法解釈としての当否は格別，現状の金融行政では，金券ショップ等の第三者で換金されるような場合を除き，商品又は仕組みとして換金しうる前払式支払手段は，「資金移動業」（同法2条2項）に該当することとされているから，この場合は，資金移動業としての規制と，仮想通貨交換業としての二重の規制を受けることになりうる。

次的なもの以外に，colored coin（カラードコイン）又は ALT（alternative）coin（オルトコイン）等と呼ばれるものがある。そして，第一次的な仮想通貨への交換を約するトークン（token）を発行し，IOU（I owe You）[*7]と呼ばれるものもある。これらは，ビットコイン（以下「BTC」という。）に代表される第一次的な仮想通貨とは，大いにその構成も法的性質も異にする。そこで，本稿で「仮想通貨」というときは，BTC に代表される第一次的仮想通貨をいうこととし，これを中心に論じる。

4　「仮想通貨自体」と「保管委託した仮想通貨」

　第一次的仮想通貨は，ブロックチェーン（以下「BLC」という。）上に記録された仮想通貨について，利用者のウェブサイト上のアドレスに紐づけられた秘密鍵を自分のみが知ることによって，その仮想通貨の数量等に関する電子情報ひいてはその財産的価値を支配しうる。この事実は，有体物についての「占有」に擬せられる。仮想通貨交換業者等の事業者や，一部の利用者は，自ら秘密鍵を管理することによって，仮想通貨を支配する（以下「直接支配者」という。）。

　他方，多くの仮想通貨を利用し保有するとされる一般の利用者は，自らは秘密鍵を管理せず，仮想通貨交換業者又は取引口座である wallet（ウォレット）提供業者に利用者分の仮想通貨に係る秘密鍵の管理を委託している。そして，かかる利用者は，これら事業者に指図をすることによって，仮想通貨を法貨に交換したり，仮想通貨を他に移転したりする（以下「間接支配者」という。）。

　この前者と後者とは，似て非なるものである。後者は，仮想通貨に関し，当該事業者との契約（多くはウェブ上に掲げられた約款）に基づき，

[*6]　仮想通貨という概念も，ビットコインに関していえば，その仕組みをいうときは Bitcoin（BTC と略記されることもある。），財産的価値自体は bitcoin，価値尺度すなわち単位については BTC（読みは，ビットコインとも，ビー・ティー・シーとも読まれる。）と使い分けられる。資金決済法が定義し，本稿で問題とする仮想通貨は，この財産的価値を有する bitcoin に相当するものが対象である。

[*7]　「I owe you」であるから，これは文言が示すごとく「債務」である。

仮想通貨の保管を委託する関係であり，後述するとおり，契約に基づく債権関係である。

そこで，前者の秘密鍵を自分のみが知ることによって直接支配している仮想通貨の電子情報がもたらす財産的価値が，まず，ここでの議論の対象である。

5 「経済的機能」と「法的性質」

次に，仮想通貨に限らないことではあるが，法律関係を論じるに際しては，その「経済的機能」と「法律構成」ないし「法的性質」とは峻別しなければならない。経済的機能は，立法論や解釈論の妥当性の検証に関し，法律論としても斟酌されるべきものであることはいうまでもないが，実定法解釈や法律の適用の場面では，その対象となる事実が「法律要件事実」に該当するかどうかを事実認定して法規範に当てはめなければならない。

その出現当初，「通貨」か「物」か，といったようなことが議論され，例えば，資金決済法の立法に関しても，「金融庁　仮想通貨を通貨と認定」という新聞見出しのように，明らかな誤報も多かった。これは，「法律上の概念」と「経済上の機能」を混同しているものであって，仮想通貨が一定の範囲で経済上通貨と同様の機能[*8]を有することを示す限りでは誤りではないが，資金決済法の法律概念としては，むしろ「通貨」でないものを「仮想通貨」と定義しているのであって，法的には明らかな誤りといわざるをえない。

経済学上の通貨ないし貨幣の要件（機能）としては，①価値尺度，②価値貯蔵，③決済手段の3点が指摘される。資金決済法の仮想通貨の概念は，この経済学上の通貨又は貨幣の概念に当たりうるものであり，また，そう機能することを企図されたものというべきであるから，そうであるがゆえに，「仮想『通貨』」と名付けられたともいえる。しかし，法

[*8] 経済学上の通貨ないし貨幣の要件としては，次の3つの機能を有するものとされている。①価値尺度，②価値貯蔵，③決済手段の3点である。

律上の「金銭」でも「通貨」でも「法貨」でもなく，「仮想通貨」というよりほかない。

なお，virtual currency の訳語である「仮想通貨」との呼称は，近時の国際的な呼称である crpto assets に合わせて「暗号資産」に変更される見通しである*9。

2 仮想通貨の私法上の性質
1 仮想通貨が該当する法概念

第一次的な仮想通貨それ自体（媒体）が私法上何かとの問いには，コンピュータのアルゴリズムに従って記録された電子記録にすぎないから，「仮想通貨は，電磁的記録（民法446条3項括弧書）*10である。」というべきことになる。

ただ，「逆（命題）は真ならず」で，上記のみでは，仮想通貨というものを識別可能になるように記述したことにはならないから，更なる限定を加える必要がある。そして，資金決済法上の仮想通貨は，前述のとおり，平易にいえば，「不特定の者に対する支払手段で換金性があり，通貨及び通貨建資産以外のもので，コンピュータで処理される電子記録（電子情報）である財産的価値」とでもいうべきものとなる。私法においても，結局，資金決済法の仮想通貨の定義を借用して考えるべきことになる。

2 仮想通貨が該当しない法概念

なお，物事を正確に認識し，理解をするには，上記のように積極的に該当するものを認識するだけではなく，該当しないものも理解をしてお

---

*9　金融庁「仮想通貨交換業等に関する研究会報告書」31頁（2018年12月21日）。
*10　「電磁的記録（電子的方式，磁気的方式その他人の近くによっては認識することができない方式で作られる記録であって，電子計算機による情報処理の用に供されるものをいう。）」。なお，仮想通貨は，この電磁的記録のうち，電子方法によるものということになる。そこで，単純にいえば，「仮想通貨とは，『電子記録』である。」ということができる。ちなみに，この電磁的記録の定義は，刑法7条の2をはじめ，様々な法律で規定されている。

くべきである。そこで，仮想通貨自体が該当しない民法上の概念を列挙すれば，次のようなものが挙げられるが，仮想通貨は，そのいずれにも当てはまらない。

① 権利（民法1②，③）
② 物（民法85）
③ 物権（民法175）
④ 債権（民法399）
⑤ 無記名債権（民法86③）
⑥ 金銭，通貨（民法402，通貨法）
⑦ 財産権（民法362②）

民法及び私法の基本概念は，まず，「物」「人」「金」（金銭）の3つを基本的な構成要素とする。

そして，「物権」は，「人」の「物」に対する支配権であり，「債権」は，「人」の他の「人」に対する請求権である。さらに，これらから派生的に，「人」の「権利」[*11]に対する支配権である「財産権」の6つの概念から成り立つ。

しかし，仮想通貨は電子情報であって有体物（民法85）ではないから，「物」ではなく，物権法定主義（民法175）により，私法上法定されたものではないから「物権」でもなく，第一次的仮想通貨は，電子情報自体であって，そこに人は登場せず，保有者という人が他の人に何かを請求しうるという「債権」でもない。

また，金銭又は通貨は，日本銀行券と政府鋳造の貨幣であって，言うまでもなく仮想通貨はこれに該当しない。

そして，「権利」として契約上も法律上も定められたものではないから，「権利」や「財産権」でもない。

仮想通貨は，以上のとおり，これらのいずれでもないのである。

---

*11 「権利」には，「物権」「債権」に加え，特別法によって法定された知的財産権その他様々なものがあるが，法定されていないものは法的に権利ではない。

3 仮想通貨の「準物権的構造」による仮想通貨の保有

ただ，仮想通貨も資金決済法が定義するように，デファクトとして換金性等を持つものであるから，「財産権」ではないものの，「財産」ではあり，「財産的価値」を持つ。そして，暗号技術により，秘密鍵を自分のみが知ることによって，あたかもそれを「占有」するようにその電子情報を支配することができるから，「財産権」ではないが，「人」の「財産的価値」について，デファクトとしての排他的支配は可能である。したがって，構造としては，「物権」ないし「財産権」と同様に，「人」の「財産」に対する対世的支配をしているものということはできる[*12][*13]。

例えば，個人情報保護法が「保有個人データ」の定義（同法2⑦）[*14]で「保有」という用語を用いてその支配を「権限」としているように，仮想通貨にあっても，これを「保存」「管理」「処分」をする正当な「権限」があることをもって，「所有」するのと同様に「保有」という概念で表現することができ，この地位は法的に保護されるべきものである。

換言すれば，正当に取得した仮想通貨を支配している事実状態すなわち法的地位は，これをもって仮想通貨を保有しているものとして，所有に準じるものとして法的にも評価することはできる。ただ，有体物では

[*12] 土屋雅一「ビットコインと税務」税大ジャーナル23号69頁（2014）が，無理があるものと自認されつつ，著作物と同様として論じられているのは，「人」の「権利≒財産」に対する支配と同様の構造を持つという点を捉えておられる点で，構造の理解としては誤りではないと考える。

[*13] なお，我妻・前掲*1，202頁は，「法律における『有体物』を『法律上の排他的支配の可能性』という意義に解し，物の観念を拡張するべきものと考える。」とされる。この立場によれば，「仮想通貨」も「排他的支配の可能性」があるものであるから，「物」ということになり，その所有権という物権が成立することになる。しかし，この考え方は，民法の明文規定の文理に反することもあって，判例や実務で採用されているものとはいえない（なお，下級審裁判例ながら，東京地裁平成27年8月5日判決（判例集未登載）参照）。しかし，法的保護に値するかような状態（地位）は，所有権に関する民法の規定が適用されるものではないが，法律関係を考えるについては，これと同様の構造で考えることはできよう。

[*14] 同法の定義規定は，「保有個人データ」について，「個人情報取扱事業者が，開示，内容の訂正，追加又は削除，利用の停止，消去及び第三者への提供の停止を行うことのできる権限を有する（以下略）」とする。要は，「保有」の概念について，「保存」「管理」「処分」の全ての権限を有することとしているものと考えられる。

ないサイバー空間における仮想（virtual）の観念的な存在であること，有体物とは異なって情報であることから複製も可能であることなど，知的財産権に類似し，有体物を巡るもの以上に派生的な問題を生じる点に留意が必要となる。

3 仮想通貨をめぐる法律関係

　以上に述べた仮想通貨自体が私法上何であるかという点と，仮想通貨を巡る法律関係[*15]とは，これを峻別して考えるべきである。そして，これを巡る法律関係としては，多層的な法平面（空間）に分析してこれを考察するべきである。

1　仮想通貨自体の法平面

ア　対内的支配関係―対世的支配権

　上記のとおり，仮想通貨自体は，「物」，「通貨」（金銭），「債権」，「物権」，「財産権」のいずれでもないが，債権質のような準物権や「財産権」と同様に，「人」の「財産」に対する（事実上の）排他的（対世的）支配という構造を持ち，これは法的保護がなされるべきものである。このように「人」が「仮想通貨」の電子情報を支配している結果，その財産的価値を支配するという関係は，物権又はいわゆる準物権と同様の構造を持つものであり（以下「準物権的構造」という。），仮想通貨のマイニング（mining＝発掘）や保有者からの譲受けによって，その支配を取得した以上は，準物権と同様の論理構造で，その「正当」な「保有者」としての法的保護がなされるものと考えられる。

　ここに，その保有に「正当権限」が与えられるべきとの「条理」が働くから，対世的支配権の正当性ということで，同じ構造が当てはまる限り，物権ないし準物権と同様の法律を適用すべき実定法上の基礎があるというべきである[*16]。

[*15]　法律関係は，「人」を前提にする概念であるから，ここでは，「人」の「仮想通貨」に関する関係と，「仮想通貨」を巡る「人」と他の「人」との関係を考察することになる。

イ　第一次的仮想通貨に合意はないこと

　なお，第一次的な仮想通貨自体には，何らの合意の要素はない。すなわち，「合意」とは，「当事者の全体の意思が合致すること」とされているが*17，第一次的仮想通貨自体に，「(両)当事者」すなわち「人」は出て来ず，「当事者」も「意思の合致」も存在しない。

　第一次的仮想通貨のアルゴリズムを考案して，対外的に提供をするに至った者は，通貨と同様の機能を持たせるべく意図をしたのであるが，コンピュータのアルゴリズムという de fact という事実関係にとどまり，その仕組みや意図したところを開示して，それに同意した者のみが取引をできるような仕組みとしない限り，合意は存しない。

　他方，第一次的な仮想通貨とはいえない，前述の派生的な仮想通貨やIOU及び資金決済法上の仮想通貨の定義に当たり得るICO (Initial Coin Offering) 等については，別論である。すなわち，ICOによって資金調達がなされる場合は，発行者は，通常ホワイトペーパーと呼ばれる金融商品法上等で「目論見書」に相当するものを示す。投資者は，それを見て資金拠出をするのであるから，ホワイトペーパーといういわば「約款」に準じた意思が表示されて，利用者はそれに同意して行うものである。そのような形態であれば，ICOについて発行されるトークンは，かかる合意に基づく債権関係を証するものと評価できる。

2　対外的債権関係の法平面

　債権関係は，民法上，
　①　契約（民法第3編第2章，521以下）
　②　事務管理（民法第3章，697以下）

---

*16　森下哲朗「FinTech時代の金融法の在り方に関する序説的検討」江頭憲治郎先生古稀記念『企業法の進路』771頁以下（有斐閣2017），とくに807頁及び同「FinTech法の評価と今後の法制の展開」Libra17巻4号25頁（2017）は，「物権法のルールに従う」とされるが，その論理構成からみて，「条理等を通じて」とする私見と同様の趣旨であると考えられ，その後筆者との議論を経て，講演で「物権法法理が準用される」とされた。

*17　角田禮次郎ほか共編『法令用語辞典〔第10次改訂版〕』232頁（学陽書房2016）。

③　不当利得（民法第4章，703以下）

④　不法行為（民法第5章，709以下）

の4点である。

ちなみに，上記①は，保有者と他の人との間に仮想通貨に関する契約が成立すれば，その契約に基づく債権が発生しうるが，これは後述する。

また，保有者以外の他人が義務なく仮想通貨の管理をしたときは，②事務管理の法定債権関係が発生する。

法律上の原因なく保有者の損失による他人の利得が発生すれば，③不当利得の法定債権関係が発生する。

さらに，仮想通貨の正当権限に基づく保有者の法的地位は法的に保護されるべきであるから，これを不正（不法）に侵害した者に対しては，④不法行為に基づく法定債権の関係が発生する。

3　仮想通貨の契約等に基づく取引の法平面

次に，仮想通貨について，これを売買等する取引の平面がある。これは，通常の「契約」関係であり，そこから，当該売買契約に基づく「債権」関係が発生してくることになる。

この仮想通貨の売買契約により，買主は売主に対し，売買代金支払債務を負うこととなり，他方，売主は買主に対し，仮想通貨の支配を移転するべき義務を負うことになる。この後者を具体的に記述すれば，売主が保有する仮想通貨の記録に関し，アドレスと紐付いた秘密鍵を買主に通知する等の手続と仮想通貨を保有する地位を買主に移転するブロックチェーン台帳に記録するコンピュータ処理の手続をする義務を負うことになる。なお，前者は引渡請求権に，後者は登記請求権に擬することもできるが，これらは，いずれも法的には「為す作為債務」（民法414本文）である。

4　仮想通貨取引の準物権的変動の法平面

さらに，仮想通貨の準物権的な構造からは，この仮想通貨売買等の原因関係の「契約」の効力が「準物権的構造」にいかなる効力を持つかと

いう問題がある。

　物権行為のいわゆる独自性と無因性の問題である。我が民法は，これを肯定するドイツ法とは異なり，フランス法と同様にこれらを否定して物権行為の独自性を認めず，意思主義を採用した（民法176）*18。

　準物権的構造を有する仮想通貨にこの法理を当てはめれば，仮想通貨の売買等の準物権的行為を含む契約がなされた場合には，仮想通貨の準物権的地位も変動することとなる。

　ちなみに，仮想通貨が観念的形而上学的存在であることはいうまでもないが，法律上の権利や所有権も，観念的形而上学的存在である。そこで，所有権等の物権が移転すること自体は，法律上の観念的なものであり，これにより具体的なその対象物の事実上及び法律上の支配が当然に移転するわけではない。しかし，仮想通貨の場合も，物権変動と同じく民法176条の準用と考えてもよいし，条理に基づくと考えてもよいが，仮想通貨を支配する正当権限は買主に移転していると考えることがパラレルである。

　なお，このように考えれば，仮想通貨の支配を移転する義務について，上記(2)で述べた契約に基づく債権的請求権のほかに，この物権的な正当権限又は準物権変動に準じ，物権的及び物権変動的な支配移転請求権を有すると法律構成もなされることになる。

5　不正行為者等第三者との法律関係

　仮想通貨のシステムにサイバー攻撃を仕掛けた者等の不正行為をする者との法律関係については，契約関係がない以上は，上記 3 1により，契約法理ではなく，他の一般法理によることになる。平成30年（2018年）1月26日にコインチェック社の仮想通貨NEM（ネム）が流出した事件は，正に，この事例である。

　顧客の仮想通貨NEMを保管していたコインチェック社に対する関係

---

*18　我妻榮著＝有泉亨補訂『新訂物権法（民法講義2）』56頁以下（岩波書店1983）。

は後述する。

ア　準物権的請求権

上述した法理からは，利用者は不正取得者に対し，対世的な排他的支配権という準物権的な法律上の地位に基づき，流出したNEMについて，①準物権的な返還請求権としての当該仮想通貨の引渡しに準じる請求権があるものと考える。ちなみに，仮想通貨業務に従事される実務家の中には，金銭の占有即所有の原則と同様に，現在秘密鍵を保有しているものが当該仮想通貨の保有者であると考える方も多い。しかし，実際の犯罪者からの取戻しの実現可能性は別論として，正義や合理的な観点からも，この結論は法律家の取るべき合理的で条理に適ったものとはいえまい。NEM財団やホワイトハッカーが不法行為者の準占有するところのNEMの行方を追跡したのは，正当権限がある者への取戻し等を考えたのではなかろうか。

ただ，BLCにその保有者の仮想通貨の保有が記録されていた場合には，返還請求の方法として，BLCの記録が不可逆的なことから，当該不正行為者に移転したところの電子情報についてその保有者に移転の記録をするという方法によるべきことになる。

もっとも，仮想通貨は，同種同量のものが大量に市場に存するものがあり，NEMは，これに該当するといえよう。そうするときは，仮想通貨を種類物に準じるものと捉え，BLCの記録の流れにかかわらず，同種同量のものの返還（具体的方法は，新たな移転）を求め得ると考える。

イ　流出仮想通貨の転得者

サイバー攻撃等により，不正に他人が保有する仮想通貨を取得した者に対する関係は上記のとおりであるが，コインチェック事件でも見られたように，不正取得者は，これを第三者に売却等をし，BLCに記録された仮想通貨に転得者が現れ得る。

この点について，前記のように，通貨の占有即所有と同様に，他の要素に関係なく，当該仮想通貨のBLCの電子情報について秘密鍵を保有

する者が権利者であるとする見解もあることは述べた。しかし，この転得者が流出をさせた犯罪集団の一員等である場合に，その保有の正当権限を認めることが，正義や条理に反することは上述と同様である。

　また，犯罪集団の一員でなくても，あれだけ世界的に注目された事件で，例えば，本人確認をしない取引所等で，市場価格より格安で購入するような行為は，流出した仮想通貨であることについて，未必の故意や軽くない過失があるというべきである。したがって，このような者にも正当権限が認められるべきではない。

　ただ，そのような者から更に通常の価格で正常に取引をして取得した者にあっては，以上の事情を知らない（善意）ということになろう。そのような者については，物権法の法理に鑑み，即時取得（民法192）が認められるべきこととなる。

　ウ　債権的請求権

　また，この流出事件の事実関係からは，上記の準物権的返還請求権以外に，不当利得に基づく上記と同じ返還請求権と，不法行為に基づく損害賠償請求権も発生すると考えられる。

　エ　仮想通貨システム提供者に対する請求

　仮想通貨の代表格であるBitcoinの場合は，若干名のいわばコアメンバー等と呼ばれる技術者がいるとされ，システムのメンテナンスを行っているとされる。そこで，NEMの場合を含め，仮想通貨のシステムに障害が生じた場合や，その瑕疵（欠陥）がある場合に，これらを原因とする損害が生じたとして法的責任を生じないかとの論点もある。また，第三者の不正行為の原因となった場合には，システム関係者も不正行為者と（不真正に）連帯して法的責任を負う関係に立つことになる。

　しかし，この点については，システムの技術者と利用者との間に何らの契約法理はない。また，現実に照らせば，故意かよほどの過失があってこれと因果関係のある損害が発生したという場合でない限り，一般的に不法行為に基づく責任を負うとは考え難く，仮想通貨の取引に関係す

る者の自己責任であるのが原則というべきものと考えられる。

4 仮想通貨交換業者をめぐる法律関係
1 問題の所在

改正資金決済法は，従前「仮想通貨交換所」と呼ばれていた事業者について，新たに，①仮想通貨の売買又は交換，②上記①の媒介，取次ぎ又は代理，③上記①②に関する金銭又は仮想通貨の管理を業として行う者を「仮想通貨交換業者」と規定し，これを規制対象とした。

上記の①②及び③の前段は，単に一般の仮想通貨保有者と同一平面で仮想通貨取引の当事者になる行為にとどまるが，③後段の「管理」については，別段の法平面としての問題を提供する。

2 仮想通貨の管理の法的性質
ア 仮想通貨の管理とは

通貨が紙片又は金属片[*19]に表象された財産的価値であるのと同様に，仮想通貨は，電子記録である財産的価値である。仮想通貨に係る電子記録は，BLCの中に記録されているものではあるが，財産的価値である仮想通貨は，特定のコンピュータ・アドレスに紐付いた秘密鍵情報を管理することでその占有ひいては所有と同様の機能をもたらす。

ただ，資金決済法は，「仮想通貨の管理」としているから，単なる備忘のための秘密鍵情報の管理ではなく，秘密鍵情報を含めた財産的価値としての仮想通貨の管理を観念している。

仮想通貨の保有者が仮想通貨交換業者に仮想通貨の管理を委託し，事業者がこれを引き受ける場合の形態と法律関係は，その間の契約いかんによることになる。ただ，仮想通貨自体の管理を委託しているのが多くの形態であろうし，以下，これを前提に述べる。

＊19 通貨（法貨）も，現在のところは紙又は金属を媒体としているが，日本銀行法やいわゆる通貨法等の法改正をすれば，電子情報を媒体とするデジタル通貨もありえて，現に我が国の内外でかような検討も始まっている。

イ　信託的か寄託的か

　その管理の形態としては，①信託[20]と②寄託に準じるもの（以下，便宜的に「準寄託」という。）[21]とに大別しうる。ただ，金銭についても，金銭の信託と金銭の消費寄託である預金等があるが，仮想通貨の管理を委託する場合は，その受託者に裁量がなく単なる保管の趣旨であるのが通常であろうから，特段の金融的な商品を組成するような場合を除き，信託ではなく，準寄託として考えられるであろう。そして，仮想通貨は，財産的価値単位として均一の抽象的な存在[22]であるから，準消費寄託というべき性質のものであり，また，管理者の支配は，「他主占有」に準じて考えられるべきこととなる。

ウ　寄託的か混蔵寄託的か

　さらに，次の分類として，秘密鍵の管理について，①事業者のみが管理している場合と，②事業者と仮想通貨保有者の双方が管理している場合を考えることができる。現実の仮想通貨交換業者が仮想通貨を管理する場合は，①の事業者のみが管理している形態が通常であると思われる。そして，資金決済法では，仮想通貨交換業者の仮想通貨と管理委託者のそれとの分別管理が求められているが[23]，いわば物理的にも厳格な分別措置を講じていない限り，私法上は混蔵寄託に類する形態の中での分別管理になるものと考えられる。

[20]　平成18年改正前の信託法では，信託の対象は「財産権」に限られ（旧信託法1），平成16年改正前の信託業法では，さらに引き受けることができる財産権がさらに制限されていた（旧信託業法4）から，当時の法制度下では，仮想通貨の管理を信託と同様の約定で引き受けても，信託法上の信託とはいえなかったし，信託業法上は限定列挙の財産権ではない仮想通貨の信託を引き受けることはできなかった。しかし，現行法では，かかる制限はなくなり，「財産」であれば信託であり，法制度としては業としてこれを引き受けうる。

[21]　民法の寄託も有体物についてのものであるが，既述のように，仮想通貨も物権又は準物権と同様の構造を有するから，契約自由の原則もあって（民法改正法521条），寄託と同様の法律関係が適用されるべきであり，「準寄託」ということとするものである。

[22]　紙幣類似証券取締法1条1項参照。また，民法666条1項，587条参照。

[23]　改正資金決済法63条の11。なお，この規定は，仮想通貨保有者ごとの厳格な分別管理まで求めているものではなく，この点は，計算上明らかにされていれば足りることとされるものと思われる。

3 分別管理と倒産法との関係

そうした場合で仮想通貨交換業者が倒産した場合の取扱いが問題となる。仮想通貨の管理の形態が他主占有的なものであっても，上記ウ①の形態である限りは，取戻権（破産法62）等は認められない。他方，仮想通貨保有者のものとして分別管理がなされている限りは，明文規定はないものの，信託法25条１項を準用し，分別管理された仮想通貨保有者の財産として取り扱い，同種同量の仮想通貨をそれぞれ返還すべきであり，その総量が不足する場合には，管財人としては，プロラタ（数量按分）であたかもその範囲内で一般先取特権（民法306）があるのと同様に別除権（破産法２①十，65）等と同様の取扱いをするべきものと考える。そう考えることが，公法（規制法）でありつつも，改正資金決済法が分別管理を要求した趣旨に適うものと考える[*24]。

5 仮想通貨に関する民事執行法上の取扱い

以上の4 1から3までは，仮想通貨に関する法律関係の実体法の各平面での私法上の法律関係の問題であった。私法ではなく公法の領域に属するが，上記の私法上の実体関係を実現するための民事法として，民事執行法の観点に言及しておくと，概要次のとおりになると考えられる。

1 第一次的仮想通貨自体

仮想通貨自体は，電子記録にすぎず，第三債務者もない。しかし，仮想通貨も財産的価値を持つものであるから，民事執行法の「（債権）その他の財産権に対する強制執行」には該当し，債権執行の例によるべきこととなる（民事執行法167）。ちなみに，仮想通貨は記述のとおり「財産権」ではないが，民事執行法は「財産権」との文言を用いるが，明らかに為す債務等の財産権以外の財産の執行も認める。そして，執行債務者である仮想通貨の保有者に対して差押命令が送達されれば，その時に

[*24] 換言すれば，改正資金決済法が分別管理を求めたのは，かかる私法上の法律効果が生じることを前提に規定したものともいうる。

法律上は差押えの効力が生じる（民事執行法167③）。ただ、仮想通貨の電子情報の記録は、BLC上のP2Pによる管理であるところ、暗号技術が用いられることから、執行債務者が任意に債権者に秘密鍵を教示して協力するようなことがない限り、強制的に強制執行をすることができない。執行法上は、「取立てが困難なとき」に該当するとして、譲渡命令や売却命令によることも考えられるが（民事執行法①）。別箇、債務名義を取る必要があるかどうかとの論点もあるが、間接強制（民事執行法172）の手段を取ったとしても、金銭その他の財産がないから仮想通貨を差し押さえようとしているような場合には、これも実効性がないということになる。

　以上、仮想通貨自体の強制執行は、事実上、実効性が確保できないであろうという問題がある。

2　仮想通貨交換業者を通じた間接支配の場合

　他方、仮想通貨交換業者やアカウント提供業者が利用者の仮想通貨を保管してその利用者が執行債務者である場合は、多くの場合、その法律関係は、準寄託というべきものであるから、強制執行が可能になりうる。

　すなわち、間接支配であっても、仮想通貨交換業者の仮想通貨に対する支配は、通常、いわゆる「他主占有」（民法181）であり、利用者が「自主占有」（民法181）するものと認められるであろうから、第1に、仮想通貨保有者の準物権的な地位に基づく返還請求権を認めることができる。また、準寄託契約（民法657）に基づく目的物返還請求権としての引渡請求権（前述のように利用者に移転すべき旨を求めることになる。）に擬する請求権が認められるべきことになろう。

　なお、同じく財産的価値のある電子情報である「電子記録債権」については、金融機関という信用のある機関が電子記録債権記録機関となっているから、その者を第三債務者とする強制執行手続が法定されている[25]。

　仮想通貨にあっても、仮想通貨交換業者があるから、その保管に係る

仮想通貨についての強制執行については，関係各方面と手続等を研究し，仮想通貨交換業者の業界で認識を共有することによって，円滑に強制執行できる途が拓かれることが望まれる[26]。

---

[25] 電子記録債権の場合は，金融機関がすべからく電子債権記録機関として電子記録債権の設権と準物権変動を担うから，その強制執行については，その機関にも差押命令を送達することによって債権執行の特則として強制執行をすることが可能となっている（電子記録債権法49③，民事執行規則150の9以下）。しかし，仮想通貨について仮想通貨交換業者が行う管理は任意的である。したがって，この場合，管理委託契約に基づく一種の返還請求権に類する債権を差し押さえる債権執行はなしうるが，電子記録債権のように準物権的な一律のものではない。

[26] 拙稿「ビットコイン等のいわゆる仮想通貨に関する法的諸問題についての試論」金融法務事情1998号28頁（2014）。高松志直「電子マネーおよび仮想通貨に対する強制執行」金融法務事情2067号50頁（2017）。なお，本稿末尾の「仮想通貨の各法該当性」の表は，上記の拙稿で論じたものをその後の法改正等を踏まえて修正したものを一覧表にしたものである。

仮想通貨の各法該当性

法律	概念	該当性	備考
通貨法・民法	通貨＝金銭	×	通貨（法貨）は法定のものに限られている。
紙幣類似証券取締法	紙幣類似証券	×	仮想通貨は、証券ではない。
出資法	預り金	×	＊業者が仮想通貨を預かる行為→「金銭」の預りではない。
銀行法・資金決済法	為替取引	× ○	＊「資金」の移動ではない。 　一連の行為として資金化するときは○
資金決済法	前払式支払手段	×	発行されるものではなく、特定の者に対する支払手段にとどまらない。
金融商品取引法	有価証券	×	証券、権利、債権、貴金属でもないので、限定列挙されたものに該当しない。
	金融商品	×	通貨、預金債権、商品（物）でもないので、限定列挙されたものに該当しない。
	デリバティブ	×	法定の抽象的な要件には該当するが、政令指定されたものに該当しない。
古物営業法	古物	×	物品（物）ではない。
犯罪収益移転防止法	特定事業者	×→○	法定されていなかったが、改正法で法定
倒産法	財団債権	× △	分別管理されていなければ破産債権 分別管理されていれば、○の余地あり。
法人税法	法人税	○	業務で収益があれば○
所得税法	雑所得	○	「財産」には該当するから利益があれば「譲渡所得」になると考えたが、国税庁はFAQで「雑所得」と整理した。
消費税法	消費税・地方消費税	○→×	事業者から譲渡を受ければ、財産であるから○。適用除外にするとの報道あり。
民事執行法	その他財産権執行	△	法は「財産権」とするが単なる「財産」でも適用がある。ただし、秘密鍵の封印等に成功しないと実効性は乏しい。

［片岡　義広］

II 諸外国における仮想通貨の課税上の取扱い

はじめに

　課税当局が仮想通貨[*1]の課税上の取扱いに関するガイダンス等を公表している国の中からいくつかをピックアップして，その要旨を紹介する。ガイダンス等において念頭に置かれている仮想通貨はBitcoinであるといってよい。Bitcoinに限らず類似の仮想通貨（アルトコイン，草コイン）も射程範囲に含めているようであるが，その実際の射程範囲は必ずしも明らかではない。

　なお，本稿は前稿[*2]の内容をベースとし，これに適宜，加筆・修正等を加えている。とりわけ，オーストラリアのガイダンスについては，前稿執筆時から内容が更新されている（取扱いに大きな変更はないものの，記述の追加等が見られる）ことに合わせて，記述を増やしている。

1 アメリカ

　IRS（Internal Revenue Service：アメリカ内国歳入庁）は，2014年3月に，仮想通貨の連邦税法上の課税関係に関するガイダンス（notice）を公表している[*3]。このガイダンスは，機能通貨としてアメリカドルを採用し，現金主義を適用し，いかなる取引当事者との間においても共通支配下にないことを前提としている。

《要旨》

　仮想通貨（virtual currency）は財やサービスの支払のために使用され又は投資目的で保有される。現実の通貨のように機能する場合もあるが，

＊1　以下，ガイダンス等の表記に従い，「暗号通貨」と表記する場合もある。
＊2　泉絢也「諸外国における仮想通貨の課税上の取扱い」税理61巻11号55頁以下（2018）。
＊3　https://www.irs.gov/pub/irs-drop/n-14-21.pdf#search=%27Notice+201421%27
　　https://www.irs.gov/irb/2014-16_IRB
　　本稿で引用するURLの最終閲覧日はいずれも2018年11月末日である。

いかなる管轄においても法定通貨とはされていない。現実の通貨と同等の価値を持つ，あるいは現実の通貨の代用として通用する仮想通貨は convertible な仮想通貨といわれる。Bitcoin はその一例である。

　連邦税法上，仮想通貨は資産（property）として取り扱われ，資産としての一般的な課税のルールが適用される。個々のルールの取扱いは次のとおりである。

・現行連邦税法上，仮想通貨は為替差損益を生じる通貨ではない*4。
・財やサービスの提供の対価の支払として仮想通貨を受領する納税者は，受領日現在のアメリカドルで測定した仮想通貨の公正市場価値（fair market value）を総所得の計算に含めなければならない。このように財やサービスの提供の対価の支払として受領する仮想通貨の税務基準額（basis）は，受領日現在の仮想通貨の公正市場価値である。
・仮想通貨と引き換えに受領する資産の公正市場価値が，仮想通貨の調整税務基準額（adjusted basis）を上回る場合，課税対象利益となり，下回る場合，損失となる。
・仮想通貨の売却又は交換により実現する損益の性質は，通常，仮想通貨が納税者にとって資本的資産であるかどうかに依拠する。一般的には次のようになる。

売却又は交換する仮想通貨の性質	損益の性質	資産の例
資本的資産	キャピタルゲイン*5又はロス	株式，債券及びその他の投資資産
資本的資産以外	通常所得に係る損益	営業上，主として顧客に販売するために保有される在庫その他の資産

*4　このことの意義について，個人が外貨で支払を行った場合などに伴って生ずる為替レートの変動による差益は＄200以下であれば課税されない根拠となる内国歳入法典§988(e)(2)の適用がないことにあると思われる。泉絢也「仮想通貨の設計にあたっての税制上の留意点」松嶋隆弘＝渡邊涼介編著『これ１冊でわかる！仮想通貨をめぐる法律・税務・会計』30頁（ぎょうせい2018）参照。

- 納税者が仮想通貨のマイニングに成功した場合，取得日現在の仮想通貨の公正市場価値が総所得に含まれる。個人が，従業員の立場としてではなく，事業としてマイニングを行っている場合には，そこから生ずる純利益（通常，事業から生じた総所得から控除可能な金額を控除したもの）は，事業所得を構成するとともに，自営業者税（self-employment tax）の課税対象となる。
- 賃金として支払われる仮想通貨の公正市場価値は，連邦所得税の源泉徴収，連邦社会保障税（Federal Insurance Contributions Act：FICA），連邦失業保険税（Federal Unemployment Tax Act：FUTA）の対象となるし，源泉徴収票（Form W-2）に記載されなければならない。
- 仮想通貨による支払は，資産で行われる他の支払と同様に，情報申告（information reporting）やバックアップ源泉徴収[6]の対象となる。

2 イギリス

HMRC（Her Majesty's Revenue and Customs：イギリス歳入関税庁）は，2014年3月に，Bitcoin及び他の類似の暗号通貨の課税上の取扱いに関するガイダンスを公表している[7]。

《要旨》

1 法人税（Corporation Tax），所得税（Income Tax）及びCGT（Capital Gains Tax：キャピタルゲイン税）の取扱い

Bitcoin及び他の類似の暗号通貨（cryptocurrencies）の課税上の取扱いは，個別の事実関係に基づいて検討される。事業者が，商品やサービ

---

*5 保有期間が1年超の仮想通貨を売却等した場合には，長期保有のキャピタルゲインとして，低い税率が適用される。この辺りの整理として以下を参照。(https://www.irs.gov/taxtopics/tc409).
*6 内国歳入法典§3406に基づくもので，一定の場合に行われる徴収確保のためのいわば予備的な一面を有する源泉徴収。
*7 https://www.gov.uk/government/publications/revenue-and-customs-brief-9-2014-bitcoin-and-other-cryptocurrencies/revenue-and-customs-brief-9-2014-bitcoin-and-other-cryptocurrencies.

Ⅱ　諸外国における仮想通貨の課税上の取扱い

スの対価を Bitcoin で受領する場合でも，収入の認識時期や課税利益の計算方法について特別のルールがあるわけではない。

1 法人税

通貨の為替変動による損益は課税の対象である。仮想通貨（virtual currencies）の取扱いについては，外国為替及びローンリレーションシップ[*8]に係る一般的なルールの適用がある。この段階では特別のルールを考慮する必要はない。会社にとって，為替変動はその会社の機能通貨と問題となる他の通貨との間で決定される。Bitcoin とその機能通貨との交換レートが存在する場合にもこのことが当てはまる。それゆえ，Bitcoin 取引のための特別のルールは必要とされない。

2 個人所得税

非法人企業の Bitcoin 取引に係る損益は，通常の所得税のルールによって課税される。

3 課税対象利益（法人税と CGT）

通貨に係る契約による損益は，事業上の利益ではなく，ローンリレーションシップルールの対象外でもある場合には，通常，CGT 又は法人税の目的上，課税対象利益又は控除可能な損失とされる。Bitcoin その他の暗号通貨から生じる利益又は損失は，個人の場合は CGT の目的上，課税対象利益[*9]又は控除可能な損失となり，会社の場合は法人税の目的上，課税対象利益となる。

❷ VAT の取扱い

VAT（Value Added Tax：付加価値税）の目的上，Bitcoin 及び類似の暗号通貨は以下のとおり取り扱われるが，これは規制その他の目的上の

[*8] ローンリレーションシップの課税ルールに関しては，以下のHMRCの内部マニュアル参照。（https://www.gov.uk/hmrc-internal-manuals/corporate-finance-manual/cfm32010）。
[*9] ただし，CGT については，年間11,700ポンド以内に収まれば課税されない。この辺りの整理として以下を参照。
https://www.gov.uk/capital-gains-tax/allowances.
https://www.gov.uk/guidance/capital-gains-tax-rates-and-allowances#tax-free-allowances-for-capital-gains-tax.

取扱いを反映するものではない。

- Bitcoin のマイニング収入は一般に VAT の対象外である。マイニング活動は，提供されるサービスと受領される対価との間のつながりが十分ではないため，VAT における経済活動に該当しないからである。
- 特定の料金が課せられる特定の取引の検証に関連するサービスの提供のような他の活動によって受領するマイナーの収入は，VAT 非課税となる（VAT 指令（Council Directive2006／112／EC）135(1)(d)）。Bitcoin の取引を手配又は実行したことにより Bitcoin の価値以外に請求される手数料についても，（どのような形式をとるにせよ）同様に非課税となる。
- Bitcoin がポンド又はユーロ，ドルのような外国通貨と交換される場合には，Bitcoin それ自体の価値に対して VAT が課されることはない。
- ただし，いかなる場合でも，Bitcoin 又は類似の暗号通貨と交換に売却される財及びサービスの供給者には通常の方法で VAT が課される。この場合の財又はサービスの価値は，取引が行われた時点における暗号通貨のポンド換算価額である。

3 オーストラリア

　ATO（Australian Taxation Office：オーストラリア国税庁）は，暗号通貨の所得課税上の取扱いに関するガイダンス（Last modified：2018-11-08）を公表している[*10]。

《要旨》

■1 所得税の課税関係

1 暗号通貨と課税

　このガイダンスにおける「暗号通貨」（cryptocurrency）への言及は，Bitcoin 又はこれと同じ特性を持つ他の暗号通貨ないしデジタル通貨に

---

*10　https://www.ato.gov.au/misc/downloads/pdf/qc42159.pdf.

も参照される。暗号通貨の取得又は処分を行った場合，課税関係が発生する。どのような課税関係が生じるかは各人の状況次第であるが，暗号通貨の取得又は処分を行った者は，当該取引に関する記録を保存しておく必要がある*11。

2 暗号通貨を使用した取引

暗号通貨を処分すると，CGT（Capital Gains Tax：キャピタルゲイン税すなわちキャピタルゲインに対する所得税）の課税関係が発生する。暗号通貨の売却又は贈与，交換（他の暗号通貨と交換するための暗号通貨の処分を含む），オーストラリアドルのような法定通貨への交換，財やサービスを手に入れるための使用は，この場合の処分に該当する可能性がある。

ア 他の暗号通貨のための暗号通貨の交換

他の暗号通貨を取得するために，暗号通貨を処分するということは，CGT資産を処分し，他のCGT資産を取得することである。処分した暗号通貨の代償として，金銭の代わりに資産を受領しているため，受領した暗号通貨の市場価値はオーストラリアドルで算定される必要がある。受領した暗号通貨の評価が不可能である場合，収入は，処分した暗号通貨の取引時点の市場価値を用いて算出する。

---

*11 保存しておくべきとされる記録は次のとおりである。
・取引日
・仮想通貨の取引時のオーストラリアドル換算価額（信頼できるオンライン交換所によって入手可能なもの）
・取引の目的，取引の相手方（たとえ相手方の仮想通貨アドレスのみであっても記録を保存しておく必要がある）
　　また，保存しなければならない記録の種類は，次のものを含むとされている。
・暗号通貨の購入又は交換に係る領収書
・交換の記録
・代理人，会計士，法的費用の記録
・デジタルウォレットの記録と鍵
・税務管理に関連するソフトウェア費用

(例)

　2017年7月5日，Katrinaはコイン A（100単位）を15,000ドルで取得した。2017年11月15日，Katrinaは，信頼できるデジタル通貨交換所を通じて，上記のコイン A（20単位）とコイン B（100単位）を交換した。

　信頼できるデジタル通貨交換所における取引時点の交換レートによると，コイン B（100単位）の市場価値は6,000オーストラリアドルであった。コイン Aの処分に係る Katrina のキャピタルゲインを計算する場合において，収入は6,000オーストラリアドルとなる。

イ　投資としての暗号通貨

　投資として暗号通貨を取得した場合，暗号通貨の処分によって生じるキャピタルゲインに対して，税金を支払わなければならない可能性がある。

　暗号通貨の処分による収益が取得価額を上回れば，キャピタルゲインを得ることになる。暗号通貨の市場価値が変化しても，それを処分するまで，キャピタルゲインやロスは生じない。

　暗号通貨を投資として保有している場合には，後述する個人使用資産の免税規定の適用はないが，保有期間が12か月以上であれば，処分時に生じるキャピタルゲインを減らすために CGT の減額規定の適用を受ける権利を得る。

　正味キャピタルロスがある場合は，それを使用して，翌年のキャピタルゲインを減らすことができる。正味キャピタルロスを他の所得から控除することはできない。

(例)

　Terry は長期的な株式投資を行っており，ハイリスクとローリス

クのバランスのとれたポートフォリオを組み，様々な上場企業の株式を幅広く所有している。Terry が所有する株式の中には所得を生むものと生まないものがある。Terry は顧問の助言を得て，頻繁にポートフォリオを調整している。

　最近，Terry の顧問は，暗号通貨に投資すべきであると Terry に助言した。この助言に従って，Terry は，ポートフォリオに追加した種類の異なる暗号通貨を多数購入した。Terry は，暗号通貨に関してあまり詳しくはないが，他のすべての投資と同様に，時折，投資の適切な重み付けにより，ポートフォリオを調整する。このような場合，Terry がその暗号通貨を売却したことによる収益は CGT の対象となる。投資目的で暗号通貨を購入し，保有していたことになるからである。

ウ　個人使用資産

・暗号通貨は，主として個人的使用又は娯楽のために，保有又は使用される場合に，個人使用資産（personal use asset）となり，その処分によって生じる一定のキャピタルゲイン又はロスはなかったものとされうる。

・CGT の目的上，なかったものとされうるのは，個人使用資産に該当する暗号通貨のうち，取得価額が１万オーストラリアドル以下のものから生じたものに限定されている。他方，個人使用資産について生じたキャピタルロスは，そのすべてがなかったものとされる。

・暗号通貨が個人使用資産に該当するかの判断には，暗号通貨の保有期間とその後の取引の性質が関係する。資産が個人用資産に該当するかの判断時期は，その処分時点である。所有期間中，暗号通貨の保有又は使用の態様は変わりうる（例えば，暗号通貨は，当初，個人的な使用や娯楽のために取得されたとしても，最終的には，処分によって利益を得るために，投資として保有又は使用され，あるいはビジネスの

遂行の一環として保有又は使用されうる)。暗号通貨の保有期間が長くなるほど,個人使用資産になる可能性は低くなる。
・①投資として,②利益を創出する計画の下で又は③事業遂行の一環で,取得,保有又は使用される場合の暗号通貨は,いずれも個人使用資産に該当しない。
・個人的使用又は消費目的で商品を購入又は取得するために,所有する暗号通貨をオーストラリアドル(又は異なる種類の暗号通貨)と交換しなければならないということは,その暗号通貨が,個人的な使用又は娯楽以外の目的のために,取得,保有又は使用されたものであることを強く示している。

(例)

　Michaelはコンサートに行きたいと考えている。コンサートプロバイダーは,チケットの支払を暗号通貨で行う場合には割引価格で提供している。Michaelは,暗号通貨を取得するために270オーストラリアドルを支払い,同日,チケットの支払のためにその暗号通貨を使用する。Michaelが暗号通貨を取得し,使用した状況を考慮すると,この場合の暗号通貨は個人使用資産に該当する。

(例)

　Peterは,有利な交換レートで売却する意図で6か月以上にわたって暗号通貨を定期的に保有している。Peterは,その暗号通貨を使って,商品やサービスを直接購入することを決めた。Peterは投資として暗号通貨を使用したため,この場合の暗号通貨は個人使用資産ではない。

エ　暗号通貨の消失又は盗難

　秘密鍵を紛失した場合又は暗号通貨が盗難された場合，キャピタルロスを請求しうる。この文脈では，暗号通貨が失われたかどうか，所有権を示す証拠を失ったかどうか又は暗号通貨へのアクセスを失ったかどうかという点が問題となるであろう。キャピタルロスを請求するには，次のような証拠を示す必要がある。

- 秘密鍵を取得し，紛失した時期
- 秘密鍵に対応するウォレットアドレス
- 失った又は盗難された暗号通貨を取得するために発生したコスト
- 秘密鍵を紛失したときのウォレット内の暗号通貨の総量（総額）
- ウォレットが自身によって管理されていたこと（例えば，自身の身元にリンクする取引）
- ウォレットを保管するハードウェアを所有していること
- 証明されたアカウントを保有している又は自身の身元にリンクしているデジタル通貨交換所からウォレットへの取引

オ　チェーンの分岐（分裂）(chain splits)

- 投資として暗号通貨を保有し，（Bitcoin 保有者が受領する Bitcoin Cash のように）チェーンの分岐によって新しい暗号通貨を受領する場合，その時点では，通常所得やキャピタルゲインは生じない。
- 新しい暗号通貨を投資として保有している場合にこれを処分すると，キャピタルゲインを得ることになる。キャピタルゲインを計算する場合において，チェーンの分岐により受領した新しい暗号通貨の取得価額はゼロとなる。投資として新たな暗号通貨を12か月以上保有している場合，CGT の減額規定の適用を受ける権利がある。

（例）

　Alex は，Bitcoin Cash が Bitcoin から分裂した2017年8月1日時点で，投資として10の Bitcoin を保有していた。分裂直後，Alex は

10のBitcoinと10のBitcoin Cashを保有していた。アレックスは，Bitcoin Cashを受領したことによって，通常所得やキャピタルゲインを得ることにはならない。

2018年5月25日，Alexは10のBitcoin Cashを4,000オーストラリアドルで売却した。Bitcoin Cashの取得価額はゼロであるから，AlexはBitcoin Cashの売却により2017－18年課税年度に，総額4,000オーストラリアドルのキャピタルゲインを得たことになる。

・事業の一環として保有していた暗号通貨に関連して，チェーンの分岐の結果として新しい暗号通貨を受領した場合，その暗号通貨は，事業の通常の過程で売却又は交換するために保有する棚卸資産として取り扱われ，課税年度末に会計処理されなければならない。

3　事業において使用される暗号通貨

ア　暗号通貨事業

・事業の通常の過程で販売又は交換のために暗号通貨を保有している場合，CGTルールではなく，棚卸資産のルールが適用される。棚卸資産として保有されている暗号通貨の売却による収入は通常所得である。暗号通貨の取得費用は控除することができる。
・暗号通貨関連の事業の例として，暗号通貨の取引業，マイニング業，交換業（ATMを含む）がある。
・暗号通貨を取得し，処分するすべての人々が事業を行っているとされるわけではない。例えば，商業上の理由のために，商業上，実行可能な方法で活動を続けていることなど一定の要件を満たす必要がある。通常，事業活動には反復と規則性があるが，一度限りの取引が事業に該当する場合もありうる。

（例）
　Sachinは暗号通貨を取引する事業を行っている。2017年12月15

日に，Sachinはコイン A（1,500単位）を150,000オーストラリアドルで購入する。同じ日に，Sachinは200,000オーストラリアドルでコイン A（1,000単位）を売却する。Sachinは，事業の通常の過程で売却又は交換するために暗号通貨を保有しているため，コインAの取得に対して150,000オーストラリアドルの控除を請求することが可能であり，後のコイン Aの売却によって200,000オーストラリアドルの収入を申告することになる。

イ 事業取引のための暗号通貨の使用
・暗号通貨事業以外の事業を行っているが事業活動において暗号通貨を利用しているような場合，事業において利用されている他の資産や品目と同様に，暗号通貨への考慮が必要となる。
・事業の一環で提供する財やサービスの対価として暗号通貨を受領した場合には，暗号通貨のオーストラリアドル換算価額を通常所得に含める必要がある。これは，バーター取引（barter transaction）[*12]において，現金以外の対価を受領した場合と同様の取扱いである。
・オーストラリアドルに換算した価額を決定する1つの方法としては，信頼できる暗号通貨交換所から入手できる公正市場価値（fair market value）を用いることである。
・暗号通貨（棚卸資産を含む）を使用して物品を購入する場合，当該物品の市場価値に基づく控除が認められる。

ウ 暗号通貨による給与又は賃金の支払
・従業員が報酬としてオーストラリアドルの代わりに暗号通貨を受け取るためのsalary sacrifice arrangement[*13]を雇用主との間で有効に締結している場合，暗号通貨の支払はフリンジベネフィットであり，雇用

[*12] バーター取引の課税関係については以下を参照。
https://www.ato.gov.au/law/view/pdf?DocID=ITR%2FIT2668%2FNAT%2FATO%2F00001&filename=law/view/pdf/pbr/it2668.pdf&PiT=99991231235958.

主は1986年フリンジベネフィット税法（Fringe Benefits Tax Assessment Act1986）の規定に従う。その給付（benefit）は，給付の提供時に価値が確定する財産給付となる。

・有効な salary sacrifice arrangement を締結していない場合には，従業員は自身の通常の給与や賃金を得ていることになり，雇用主は，従業員に支払う暗号通貨のオーストラリアドル換算価額について，現金支払義務を果たす必要がある。その一例は，従業員が既に給与又は賃金を稼得した後に，暗号通貨での支払を求めている場合である。

2　GSTの課税関係

以前は Bitcoin のようなデジタル通貨（digital currency）の売却及び購入も GST（Goods and Services Tax：消費税）の対象とされていたが，税制改正がなされ，2017年7月1日からデジタル通貨の売却及び購入は GST の対象外となっている。デジタル通貨の売却に GST は課されないし，デジタル通貨の購入については仕入れに係る税額控除もできない[*14]。デジタル通貨とは次のように定義されている（A New Tax System (Goods and Services Tax) Act1999§195-1）。

　デジタル通貨とは，以下の特徴を有する価値のデジタル単位を意味する。
(a)　代替可能（fungible）であるように設計されており，
(b)　供給の対価として提供されうるものであり，
(c)　通常，公衆が，対価として使用する際に，実質的な制限なしに

[*13]　本来受け取ることができる給料の一部を何らかの給付や年金の積立て等に回すもので，節税効果も見込める制度である。詳細は以下を参照。
　　https://www.ato.gov.au/law/view/document?locid=%27TXR/TR200110/NAT/ATO%27&PiT=99991231235958.
　　https://www.ato.gov.au/Business/Super-for-employers/In-detail/Salary-sacrifice/Reportable-employer-super-contributions---for-employers/?page=4.

[*14]　https://www.ato.gov.au/business/gst/in-detail/your-industry/financial-services-and-insurance/gst-and-digital-currency/.

利用できるものであり，
(d) 　いずれの国の通貨建てでもなく，
(e) 　他のいかなるものの価値に依存する価値又は他のいかなるものの価値から派生する価値を持たず，
(f) 　〔i〕価値のデジタル単位を保有する又は〔ii〕対価として価値のデジタル単位を使用することに付随するものでない限り，特定のものを受領する又は供給を命じる権利を与えるものではない
ものである[*15]。
ただし，以下のものを含まない。
(g) 　金銭（money）又は
(h) 　提供された場合に，上記(a)〜(f)が適用される１つ以上の価値のデジタル単位の提供であること以外の理由で，所定のfinancial supplyとなるもの[*16]

4 カナダ

CRA（Canada Revenue Agency：カナダ歳入庁）は，デジタル通貨の課税上の取扱いに関するガイダンス（Date modified：2018-03-07）を公表している[*17]。なお，FCAC（Financial Consumer Agency of Canada：カナダ金融消費者庁）も，デジタル通貨の課税上の取扱いに関するガイダンス（Date modified：2018-01-19）を公表しており[*18]，その中では，デジタル通貨で購入される商品やサービスの公正市場価値（fair

---

[*15] ICO（Initial Coin Offering）の場合のトークンは上記の定義からはずれることも考えられるが，結局は，トークンの設計次第であるといえようか。

[*16] ここでいうmoneyの意義については上記1999年GST法section195-1，VAT非課税の金融取引であるfinancial supplyの意義については同法subsection40-5(2)及び1999年GST法規則subdivision40-A参照。

[*17] https://www.canada.ca/en/revenue-agency/programs/about-canada-revenue-agency-cra/compliance/digital-currency.html.

[*18] https://www.canada.ca/en/financial-consumer-agency/services/payment/digital-currency.html.

market value）に対して，GST／HST（Goods and Services Tax／Harmonized Sales Tax：消費税）も課されることなどを説明している。

《要旨》
・デジタル通貨（digital currency）は，インターネット上で商品やサービスを売買するために使用できる virtual money であり，Bitcoin はその例である。
・デジタル通貨が使用される場合，税法の規定の適用がある。商品やサービスの支払のためにデジタル通貨が使用される場合，バーター取引（barter transactions）のルールが適用される。バーター取引が発生するのは，2人の者が，法定通貨を使用することなく，商品やサービスの交換を行うことに合意した場合である。例えば，デジタル通貨で映画の支払を行うことはバーター取引に該当する。映画の提供者は，租税目的上，デジタル通貨で購入された映画の価値を収入に含めなければならない。その金額は映画提供の価値のカナダドル相当額である。
・デジタル通貨は商品のように売買もされる。その結果得られる利得又は損失は，事実関係によって，キャピタルゲイン（ロス）又はそれ以外の所得（損失）となりうる。
・従業員が給与又は賃金の支払としてデジタル通貨を受領する場合，（カナダドルで計算される）その金額は，所得税法（Income Tax Act）5条1項により従業員の所得に含まれる。

5 シンガポール

1 法人所得税の課税関係

　IRAS（Inland Revenue Authority of Singapore：シンガポール内国歳入庁）は，仮想通貨の法人所得税上の取扱いに関するガイダンスを公表している[*19]。ただし，あくまで企業向けのものであり，一般の個人が仮

---

*19　https://www.iras.gov.sg/irashome/Businesses/Companies/Working-out-Corporate-Income-Taxes/Specific-topics/Income-Tax-Treatment-of-Virtual-Currencies/#.

想通貨の売却によって利益を得た場合の課税関係を説明するものではない。この場合の課税関係について，IRAS のホームページ*20 から利用できるチャットボット，ヴァーチャル・アシスタント「Ask Jamie」に質問すると，「一般に，仮想通貨の売却による利益はキャピタルゲインとされ，課税対象外です。したがって，申告の必要はありません。」との回答が返ってくる。

《要旨》
・売上代金の支払を Bitcoin のような仮想通貨（virtual currencies）で受領することを選択する企業に対しては，通常の所得税のルールが適用される。シンガポールで生じた又はシンガポールで受領される所得に課税される。所定の要件を満たす限り，法律に基づいて，税務上の控除が認められる。

1 支払手段としての仮想通貨

・一般に，財やサービスの対価の支払を仮想通貨で受領する企業は，当該財やサービスのシンガポールドルでの公開市場価値（open market value）に基づいて，売上を記録することになる。財やサービスの対価の支払に仮想通貨を用いる企業にも同様のことが当てはまる。
・財やサービスが仮想通貨でのみ取引されるものであるなど，シンガポールドルで交換されたものとした場合の公開市場価値を決定することができないときは，取引時の仮想通貨の交換レートを用いる。

2 仮想通貨事業

・ビジネスの通常の過程で仮想通貨を売買する企業は，仮想通貨取引から生じる利益に課税される。仮想通貨のマイニング事業や交換事業による利益も同様である。長期投資目的で仮想通貨を購入する企業は，その処分により，キャピタルゲインを得ることになるが，シンガポールではキャピタルゲインには課税されない。

---

*20　https://www.iras.gov.sg/irasHome/default.aspx.

・仮想通貨の処分から生じる利益が事業上の利益とキャピタルゲインのいずれに該当するかは事実関係次第である。課税対象となる利益に該当するかどうかは，目的，取引の頻度及び保有期間などを考慮して決定される[*21]。

2 GSTの課税関係

IRAS は，GST の課税関係についてもガイダンスを公表している[*22]。

《要旨》

1 仮想通貨で支払を行う財やサービスの購入

・Bitcoin などの仮想通貨は，GST の目的上，金銭（money），通貨（currency），あるいは財（goods）とはみなされない。それは，GST の対象外とはならないサービスの提供（supply of services）として取り扱われる。

・財やサービスの購入代金の支払のために仮想通貨を使用する場合，その取引はバーター取引（barter trade）とみなされる。これによって2つの「提供」が存在することになる。1つは，財及びサービスの提供者によってなされる「提供」であり，いま1つは，かかる提供者への支払のために仮想通貨を使用する者によってなされる仮想通貨の「提供」である。両者とも GST の登録事業者である場合には，この2つの「提供」それぞれに対して GST を請求する必要がある。

・もっとも，シンガポール国外に居住する財やサービスの提供者への支払のために仮想通貨を使用する場合には，0％税率が適用されるため GST を請求する必要はない。また，ゲーム内のヴァーチャルな財やサービスを購入するために仮想通貨を使用する場合には，現実世界の金銭，財やサービスと交換されるまで，GST の請求を要しない。

[*21] 考慮事項に関するより詳しいガイダンスとして以下を参照。https://www.iras.gov.sg/irashome/Businesses/Companies/Working-out-Corporate-Income-Taxes/Taxable-and-Non-Taxable-Income/Determining-the-Existence-of-a-Trade/.

[*22] https : //www. iras. gov. sg/irashome/GST/GST - registered - businesses/Specific - business-sectors/e-Commerce/.

2 仮想通貨の売却

・GST登録事業者が本人として仮想通貨を売却する場合には，非居住者に対して売却する場合を除き，GSTを請求しなければならない。しかしながら，他の者の代理人として仮想通貨の売却を行っている場合には，非居住者に対して代理人事業が提供される場合を除き，受領するコミッションフィーに対してGSTを請求する必要がある。

・シンガポール国内に所在する仮想通貨交換所により課された取引手数料は，その取引所がGST登録事業者である場合には，GSTの対象となる。

3 仮想通貨で支払を行う財の輸入

・仮想通貨によって支払がなされる輸入品については，現実の通貨で支払われる場合と同様の輸入GSTルール及び救済措置[23]の適用がある。

6 デンマーク

1 所得課税の課税関係

デンマーク租税協議会（Skatterådet）は，2018年3月に，あくまで個別具体的なケースに対するものではあるが，投機（spekulation）目的で行われる仮想通貨（virtuelle valuta）であるBitcoinの売却損益は課税対象になるという内容の回答を示している[24]。この場合の投機目的はそれが些細なものとはいえないという程度で十分であることや，投機による利益は個人所得として課税の対象となり，損失については一定の控除制度[25]の適用があることを明らかにしている。

---

[23] CIF価格が400シンガポールドル以下のものを郵便小包で輸入する場合には，一定のものを除き，輸入に係るGSTは課税されないという措置である。
[24] https://www.skat.dk/skat.aspx?oid=2271294&vid=0&lang=da.
　　上記の要約は，この回答に係る当局ホームページ掲載の次のニュースリリースを参考としている。
　　https://skat.dk/skat.aspx?oid=2271309.
[25] https://skat.dk/skat.aspx?oid=2061680.

2 VATの課税関係

　デンマーク租税協議会は，伝統的な通貨と仮想通貨を交換する取引について，通貨に関するVAT（付加価値税。デンマーク語ではmeromsætningsafgift（MOMS））非課税の対象であることを明らかにしている[*26]。その際，デンマーク租税協議会は，Bitcoinとスウェーデンの法定通貨（スウェーデン・クローナ）の交換取引について，法定通貨として使われる通貨（currency），銀行券（bank notes），貨幣（coins）に関する取引をVAT非課税とすることを定めるVAT指令135(1)(e)により，VAT非課税となることなどを示した欧州司法裁判所の判決（Hedqvist判決[*27]）を引用している。

結びに代えて

　諸外国における仮想通貨の課税上の取扱いのうち，本稿では，ガイダンス等において公表されている課税当局の見解を取り上げたにすぎない。仮想通貨の課税関係については種々の議論や論点がある。なかにはガイダンス等での明示がなく，当局の態度は必ずしも明らかではないものも存在する。

　例えば，アメリカでは，異なる種類の仮想通貨同士の交換取引に対し

[*26]　https://skat.dk/skat.aspx?oid=2225268.
　　　なお，原文の中で「spøger」と表記されている部分については「spørger」（照会者）の誤りであると解して，内容を理解している。仮想通貨の取引に対するVATの課税関係については以下も参照。
　　　https://skat.dk/skat.aspx?oid=1921288.
　　　https://skat.dk/skat.aspx?oid=2249418.
[*27]　Skatteverket v. David Hedqvist, C-264/14（22 Oct. 2015）。この判決については，野一色直人「仮想通貨の取引に係る消費税法上の非課税措置の意義と課題」税研194号32頁（2017）以下及びそこで引用されている文献のほか，安河内誠「仮想通貨の税務上の取扱い―現状と課題―」税大論叢88号413頁以下（2017），酒井克彦「仮想通貨と租税法上の諸問題―ビットコイン取引に係る損失への所得税法上の配慮―」伊藤壽英編『法化社会のグローバル化と理論的実務的対応』313頁以下（中央大学出版部2017）の脚注3，川田剛「ビットコイン取引がVATの課税対象にならないとされた事例（EU）」税務事例50巻6号98頁（2018），鳩貝真理「欧州における仮想通貨の現状」松嶋＝渡邊・前掲*4，18頁以下参照。

て，同種資産の交換に係る課税繰延規定（内国歳入法典§1031）の適用があるという見解も見られたが，これに対するIRSの態度は必ずしも明らかではなかった。現在では，上記規定の対象となる資産を不動産に限定する改正がなされており（Tax Cuts and Jobs Act of 2017），仮想通貨は上記規定の適用対象外であることが明確となった。このことから，課税の抜け穴は塞がれたことが指摘されている[*28]。かように課税当局の態度が明らかではない議論ないし論点の取扱いについて，納税者や専門家にはより慎重な対応が求められよう。

（本稿は2018年11月末日現在の情報に基づき作成している。）

［泉　絢也］

[*28] Robert W. Wood, *Loophole Allows Tax-Free Bitcoin Exchanges Into 2018*, Forbes Dec. 28, 2017, available at.
　https : //www.forbes.com/sites/robertwood/2017/12/28/loophole-allows-tax-free-bitcoin-exchanges-into-2018/#3eb4014612fa ; Jeff John Roberts, *New Tax Law Closes Bitcoin Loophole*, FORTUNE Dec. 21, 2017, available at http : //fortune.com/2017/12/21/bitcoin-tax/.

III 仮想通貨と会計処理

はじめに

　仮想通貨に係る税務上の取扱いを考えるに当たって，会計学における会計処理の考え方を観察することは重要な視角である。とりわけ，法人税法は企業会計準拠主義を採用していることからも（法法22④），同法上の処理を考えるに当たっての参考になると思われる。

　ところで，平成29年（2017年）4月1日に施行された改正資金決済法では，仮想通貨について2つの類型が定義付けられ*1，仮想通貨交換業についても同法の規制対象とされることとなった。しかしながら，仮想通貨の法的性質については必ずしも明らかにされたとはいえず，不明確な部分が多い。そうした中，企業会計基準委員会より，仮想通貨を巡る会計処理について実務対応報告38号「資金決済法における仮想通貨の会計処理等に関する当面の取扱い」（以下「本実務対応報告」という。）が公表され，仮想通貨を巡る会計処理に関して一定の指針が示された。もっとも，本実務対応報告が，仮想通貨の会計上の取扱いを網羅的に示しているとはいえず，また，「当面の取扱い」と称されていることからも判然とするとおり，今後の仮想通貨を巡る動向によっては修正あるいは新たな取扱いが公表される可能性もある。本章では，本実務対応報告の概要を確認するとともに，これによっても明らかにされていない論点についても若干の検討を加えることとしたい。

---

*1　資金決済法2条《定義》1項5号は「仮想通貨」とは次に掲げるものとする。
　一　物品を購入し，若しくは借り受け，又は役務の提供を受ける場合に，これらの代価の弁済のために不特定の者に対して使用することができ，かつ，不特定の者を相手方として購入及び売却を行うことができる財産的価値…であって，電子情報処理組織を用いて移転することができるもの
　二　不特定の者を相手方として前号に掲げるものと相互に交換を行うことができる財産的価値であって，電子情報処理組織を用いて移転することができるもの

1 本実務対応報告の背景

1 資金決済法の改正と監査の制度化

　平成28年（2016年）3月4日、「情報通信技術の進展等の環境変化に対応するための銀行法等の一部を改正する法律案」（平成28年法律第62号）が国会に提出され、同年5月25日に成立した。同法により、「資金決済に関する法律」（平成21年法律第59号。以下「資金決済法」という。）が改正されたが、そこでは、仮想通貨交換業者に対する登録制度の導入をはじめとして仮想通貨利用者の保護が図られている。

　すなわち、資金決済法63条の2《仮想通貨交換業者の登録》は、「仮想通貨交換業は、内閣総理大臣の登録を受けた者でなければ、行ってはならない。」とし、同法63条の11《利用者財産の管理》第1項は、「仮想通貨交換業者は、その行う仮想通貨交換業に関して、内閣府令で定めるところにより、仮想通貨交換業の利用者の金銭又は仮想通貨を自己の金銭又は仮想通貨と分別して管理しなければならない。」と規定する。この分別管理の原則については、後述する仮想通貨交換業者が預託者から預かった仮想通貨に係る会計処理との間で論点がある。なお、同条第2項は、その管理の状況について、内閣府令で定めるところにより、定期に、公認会計士又は監査法人の監査を受けなければならないとする[*2]。

　加えて、資金決済法63条の14《報告書》第1項は、仮想通貨交換業者に対して、事業年度ごとに、内閣府令で定めるところにより、仮想通貨交換業に関する報告書を作成し、内閣総理大臣に提出する義務を課し、かかる報告書には、「財務に関する書類、当該書類についての公認会計士又は監査法人の監査報告書その他の内閣府令で定める書類を添付しな

---

*2　仮想通貨交換業者に関する内閣府令23条《分別管理監査》1項は、かかる管理の状況について、毎年1回以上、公認会計士又は監査法人の監査を受けなければならないとし、同30条《利用者財産の管理に関する報告》2項4号は、資金決済法63条の14第2項に基づき内閣総理大臣に提出する利用者財産の管理に関する報告書に、分別管理監査を受けた場合の公認会計士又は監査法人から提出された直近の報告書の写しを添付することを規定する。

ければならない。」とされたことから（同3項），仮想通貨交換業者に対する財務諸表監査も義務付けられることとなった。

　資金決済法において公認会計士又は監査法人の監査が必要とされたことに伴い，日本公認会計士協会は，平成29年（2017年）5月31日，業種別委員会実務指針55号「仮想通貨交換業者における利用者財産の分別管理に係る合意された手続業務に関する実務指針」を公表し，また，仮想通貨交換業者の財務諸表監査に固有と考えられる留意点を踏まえたものとして，平成30年（2018年）6月29日付けで業種別委員会実務指針61号「仮想通貨交換業者の財務諸表監査に関する実務指針」を公表している[*3]。

　なお，仮想通貨交換業者の会計監査における論点は多岐にわたるが，その前提として，監査人の保証範囲の議論がある。この点，上記実務指針61号は，「公認会計士又は監査法人による監査の目的は，仮想通貨交換業者の作成する財務諸表の適正性に関する意見を表明することであり，仮想通貨交換業者が保有又は取引する仮想通貨及びその基盤となるブロックチェーン等の記録に関して何ら保証を与えるものではない。」としている（9項）。これは，監査人の表明する適正意見に対して，あたかも特定の仮想通貨やブロックチェーン技術の信頼性までもが保証されたものとの誤解を生じさせないよう留意すべきことを呼びかけたものと解される[*4]。すなわち，監査人に求められるものは，仮想通貨交換業者が行った取引の内容とその履行事実が，適切に当該交換業者の帳簿に記載されているかを検証することであって，仮想通貨やブロックチェーン技

[*3] 平成30年（2018年）3月23日，業種別委員会実務指針「仮想通貨交換業者の財務諸表監査に関する実務指針（公開草案）」が公表され，同年4月24日まで意見募集が実施された。かかる意見募集においては，例えば，「仮想通貨交換業者が扱う仮想通貨に関しては，発展途上の技術を基礎としたビジネスであることから，監査意見を表明する上で様々な困難な状況が発生することから想定される。監査意見の表明において，仮想通貨交換業のビジネスの性質を踏まえた留意事項を実務指針上で明確にしてはどうか。」といったコメントが寄せられている（日本公認会計士協会平成30年（2018年）6月29日付け「業種別委員会実務指針『仮想通貨交換業者の財務諸表監査に関する実務指針』（公開草案）に対するコメントの概要及び対応について」No.22）。

[*4] 齊藤洸「仮想通貨交換業の会計監査論点」企業会計70巻8号115頁（2018）。

術等そのものの信頼性を検証する作業ではないと理解すべきであろう*5。

このように資金決済法の整備とそれに伴う実務指針の公表がなされる中，仮想通貨に係る会計処理につき一定の統一的ルールの用意が待たれていたところである。

2 本実務対応報告

一方，平成29年（2017年）3月28日に開催された第357回企業会計基準委員会において，基準諮問会議より，仮想通貨に係る会計上の取扱いについての検討が提言されたことを受け，企業会計基準委員会は，同年4月からその検討を開始した。検討の結果，平成29年（2017年）12月6日，公開草案が公表され*6，平成30年（2018年）2月6日までの2か月間のコメント募集を経て，同年3月14日に本実務対応報告が公表された*7。

本実務対応報告の公表は，資金決済法に基づく仮想通貨交換業者に対する財務諸表監査制度の円滑な運用の観点及び仮想通貨交換業者における会計処理を明確化するニーズを踏まえたものであるが，仮に会計処理が明確にされない場合には多様な会計実務が形成される可能性があると考えられることから，早急な対応が図られたものである*8。

2 本実務対応報告の概要

1 目的と性格

本実務対応報告が，「仮想通貨の会計処理及び開示に関する当面の取扱いとして，必要最小限の項目について，実務上の取扱いを明らかにす

---

* 5 齊藤・前掲*4，116頁。
* 6 公開草案の解説として，西田裕志・企業会計70巻3号126頁（2018）参照。
* 7 本実務対応報告の解説として，後掲するもののほか，村田貴広・経理情報1507号43頁（2018），鈴木智佳子・経理情報1511号10頁（2018），同・税務弘報66巻7号26頁（2018），橋本浩史・経理情報1512号21頁（2018），西田裕志・税経通信73巻6号8頁（2018）も参照。
* 8 本実務対応報告公表前の論稿であるが，齊藤洸「『仮想通貨』の会計上の取扱いと留意点」経理情報1462号58頁（2016），同「仮想通貨の会計論点」企業会計69巻6号64頁（2017）も参照。榊正壽「仮想通貨をめぐる会計上の諸課題（前・後）」企業会計68巻12号74頁（2016），69巻1号92頁（2017）。

ることを目的とする。」としているとおり（2項），当該報告は必ずしも仮想通貨の会計処理を網羅的に定めたものではない。この点について，同報告は，「仮想通貨に関連するビジネスが初期段階にあり，現時点では今後の進展を予測することは難しいことや仮想通貨の私法上の位置づけが明らかではない」として，「本実務対応報告において定めのない事項については，今後の仮想通貨のビジネスの発展や会計に関連する実務の状況により，市場関係者の要望に基づき，別途の対応を図ることの要否を判断することになると考えられる。」とする（22項）。

これは，現時点において，上場企業等での仮想通貨の保有が限定的であり，会計実務において広範な影響を及ぼすものではないと考えられる一方で[*9]，仮想通貨交換業者における会計処理の明確化に関するニーズが高まっている中での対応であったといえよう[*10]。

2 適用範囲

(1) 資金決済法に規定する仮想通貨

本実務対応報告は，資金決済法に規定する仮想通貨を対象とする（3項）。これは，本実務対応報告が，仮想通貨交換業者に対する財務諸表監査制度の円滑な運用を契機としてなされたものであり，その適用範囲を明確にすべきとの理由による（26項）。

ただし，自己の発行した仮想通貨の取引の実態とそこから生じる論点が網羅的に把握されていない状況にあることから，自己（自己の関係会社を含む。以下同じ。）の発行した仮想通貨については適用範囲から除くこととされている（3，26項）。なお，いわゆる「マイニング」（採掘）などにより取得した仮想通貨は，通常，自己以外の者により発行さ

[*9] 第357回企業会計基準委員会審議資料(6)－2「新規テーマに関する提言等」2頁。
[*10] 「当面の取扱い」と称されるとおり，本実務対応報告で明らかにされた取扱いは，あくまでも現時点において想定し得る必要最小限のものにすぎない。これは，基準諮問会議において，「現時点では，国際的に検討が行われておらず，また，仮想通貨によるビジネスの今後の進展を予測することが難しいことを踏まえ，当面の取扱いとして，必要最小限の項目について開発することが適切であると考えられる。」と理解されていたところからもその性格付けが明らかである（審議資料・前掲＊9，3頁）。

れているため，本実務対応報告の範囲に含まれる（26項）。もっとも，後述するように，本実務対応報告はマイニングそのものに関する会計処理については何ら規定していない。

(2) 会計上の資産該当性

本実務対応報告では，保有する仮想通貨を会計上の資産に該当するとした上で各取扱いが定められている。

資金決済法では，仮想通貨は「財産的価値」と定義されているが（資金決済法2⑤一，二），現時点において，仮想通貨の私法上の性格付けは明確でなく，法律上の財産権が認められるか否か，法律上の権利該当性については議論のあるところである。この点，我が国における会計基準では，多くの場合，法律上の権利を会計上の資産として取り扱っているが，必ずしも法律上の権利に該当することが会計上の資産に該当するための要件とはされていない[*11]。また，仮想通貨は，売買・換金を通じて資金の獲得に貢献する場合も考えられることから，本実務対応報告では，仮想通貨を会計上の資産として取り扱い得るとしている（27項）。

なお，仮想通貨は，外国通貨・金融資産・棚卸資産・無形固定資産のそれぞれの性質と類似する部分もあるが，仮想通貨について直接的に参照可能な既存の会計処理は存在しないと解されることから，本実務対応報告によって仮想通貨独自の新たな会計処理が定められた（33項）。なお，外国通貨・金融資産・棚卸資産・無形固定資産に係る既存の会計基準との比較をまとめれば次表のようになる。

[*11] 例えば，繰延税金資産や自社利用のソフトウェアなどは，法律上の権利ではないが会計上の資産として取り扱われている。

既存の会計上の資産	同資産と仮想通貨の類似性	既存の会計基準によるべきでない理由
外国通貨	本邦通貨ベースでみれば価値の変動を伴うが、決済手段目的で保有される場合がある。	会計基準における通貨の定めは、国際的な会計基準も含め一般的に法定通貨であることが想定されているところ、仮想通貨は中央銀行等の裏付けのある法定通貨ではないため
金融資産	投資目的で保有される場合があり、有価証券などの金融資産に類似する。	我が国の会計基準において、金融資産が「現金」や「契約上の権利」と定義される中、仮想通貨は現金以外の金融資産にも該当しないと考えられるため
棚卸資産	主に実需以外の要因で価値が変動する現物商品（コモディティ）である金地金に類似した性格を有する。	仮想通貨は、決済手段として利用されるなど棚卸資産と異なる目的としても利用され、そのすべてを棚卸資産の定義を満たすものとすることは適当でないため
無形固定資産	資金決済法において電子的に記録され移転可能な財産的価値とされており、電子的に記録され移転可能な無形の価値を有する。	国際的な会計基準も含め、一般的にトレーディング目的で保有される無形固定資産という分類は想定されていないため

（本実務対応報告29ないし32項を基に筆者加工）

以下では、本実務対応報告の定める具体的会計処理の4点を確認することとする。

(3) **具体的会計処理1： 期末における評価に関する会計処理**

ア　期末評価

期末における評価については、「活発な市場」の有無によってその処理が異なる。

・活発な市場が存在する場合、市場価格に基づく価額をもって貸借対照表価額とし、帳簿価額との差額は当期の損益として処理する（5項）。

・活発な市場が存在しない場合、取得原価をもって貸借対照表価額とする。期末における処分見込価額が取得原価を下回る場合には、当該処分見込価額をもって貸借対照表価額とし、取得原価と当該処分見込価額との差額は当期の損失として処理する（6項）。なお当該損失処理額について、戻入れは行わない（7項）。

Ⅲ　仮想通貨と会計処理

従来，我が国の会計基準では，売買目的有価証券やトレーディング目的で保有する棚卸資産のように「時価の変動により利益を得ることを目的として保有する資産」については時価評価する一方，棚卸資産や製造設備など時価の変動ではなく事業活動を通じた資金獲得を目的として保有する資産については取得原価で評価することが適当とされてきた（35項）。

　この点，活発な市場が存在する仮想通貨は，主に時価の変動により売却利益を得ることや決済手段として利用することなどが想定され，保有者が価格変動リスクを負うものであることに鑑みれば，時価の変動により利益を得ることを目的として保有する資産に分類することが適当と考えられる（36項）。対して，活発な市場が存在しない仮想通貨は，時価の客観的把握が困難な場合が多く，また，時価による売買・換金に事業遂行上等の制約があることから，時価の変動を企業活動の成果とは捉えないことが適当と考えられる（37項）。したがって，活発な市場が存在する仮想通貨については市場価格をもって貸借対照表価額とし，帳簿価額との差額を当期の損益として処理することとし，活発な市場が存在しない仮想通貨については取得原価をもって貸借対照表価額とすることとされている[*12]。ただし，活発な市場が存在しない仮想通貨についても収益性が低下している場合には，帳簿価額の切下げを行うことが適当であることから，かかる差額は当期の損失として処理することとされた。このような切放し法の採用には，保守主義の思考が表れていると解される。

　イ　活発な市場

[*12] 本実務対応報告に従い，法人が保有する仮想通貨の保有状況が貸借対照表に記載されるようになったことで，債務者である法人が仮想通貨を保有していた場合，債権者が強制執行等に必要な情報の一部を入手することができるようになったとする見解として，菅野百合＝高田和貴「仮想通貨と債権保全・回収に関する実務的考察」NBL1131号40頁（2018）。もっとも，現状において仮想通貨が財産権の客体にならないと整理するのであれば，直接には強制執行等の対象にはならないとの意見もあり得る（同38，39頁参照）。

活発な市場の判断規準及び活発な市場が存在する場合の市場価格については次のとおりである。

> ・活発な市場が存在する場合とは，仮想通貨について，継続的に価格情報が提供される程度に仮想通貨取引所又は仮想通貨販売所（以下これらを併せて「取引所等」という。）において十分な数量及び頻度で取引が行われている場合をいう（8項）。
>
> ・活発な市場が存在する仮想通貨の期末評価において，市場価格として取引所等で取引の対象とされている仮想通貨の取引価格を用いるときは，保有する仮想通貨の種類ごとに，通常使用する自己の取引実績の最も大きい取引所等における取引価格を用いる（9項）。

　我が国の会計処理基準では，既に棚卸資産の評価に関する会計基準や金融商品会計に関する実務指針において，「活発な市場」を前提とした取扱いが示されてきたところであるが，これら基準ではその定義付けはなされていない。そこで，本実務対応報告では，国際的な会計基準における「活発な市場」の判断規準についての考え方を参考に，上記基準を設けている（47項）。

　本実務対応報告は，「活発な市場」の有無によって異なる会計処理を示していることから，当該市場の判断規準は極めて重要となる。この点，通常，市場が活発でないと判断される場合としては，合理的な範囲内で入手できる価格情報が仮想通貨取引所等ごとに著しく異なっている場合や，売手と買手の希望する価格差が著しく大きい場合が想定される（同項）。

ウ　活発な市場の判断変更時の取扱い

　なお，活発な市場の判断について変更があった場合にはそれぞれ次のように取り扱う。

- 活発な市場が存在しなくなった場合，最後に観察された市場価格に基づく価額をもって取得原価とし，評価差額は当期の損益として処理する。活発な市場が存在しない仮想通貨となった後の期末評価は，上記第6項に基づいて行う（11項）。
- 活発な市場が存在することとなった場合，その後の期末評価は，上記第5項に基づいて行う（12項）。

　活発な市場が存在しなかった仮想通貨について活発な市場が存在することとなった場合，活発な市場が存在しなかった前期以前に計上された損失処理相当額（下記例示でいう2）が，当期の評価益（下記例示でいう4）として処理されることがあり得る点が特徴的であるといえよう。これは，活発な市場が存在する場合の期末評価の結果であって，活発な市場が存在しない場合に行わないこととされている戻入れ処理とは異なる。

【活発な市場が存在することとなった場合の取扱いの例】
前期：活発な市場なし・取得原価10・処分可能見込価額8
　　　　→　期末貸借対照表価額8，損失2
当期：活発な市場あり・期末市場価格12
　　　　→　期末貸借対照表価額12，評価益4

(4)　具体的会計処理2：　売却損益の認識時点

- 仮想通貨の売却損益は，当該仮想通貨の売買の合意が成立した時点において認識する（13項）。

　我が国の会計基準においては，売却損益の認識時点に関する具体的な

判断基準として，売買の合意が行われた時に売却損益の認識を行う約定日基準と，引渡時に売却損益の認識を行う受渡日基準の2つの方法があるが（52項），仮想通貨の売買取引については，売買の合意が行われた後において，通常，売手は売買の合意が成立した時点で，売却した仮想通貨の価格変動リスク等に実質的に晒されておらず，売却損益が確定していると考えられることから，かかる売却損益の認識時点については，売買の合意が成立した時点とする方法を採用することとされた（53項）。

(5) 具体的会計処理3： 仮想通貨交換業者が預託者から預かった仮想通貨の会計処理

仮想通貨交換業者は，預託者との預託の合意に基づき仮想通貨の預託を受けることがある。本実務対応報告は，当該預託を受けた仮想通貨の会計処理についても定めている。

・仮想通貨交換業者は，預託者との預託の合意に基づいて仮想通貨を預かった時に，預かった仮想通貨を資産として認識する。当該資産の当初認識時の帳簿価額は，預かった時の時価により算定する（14項）。同時に，預託者に対する返還義務を負債として認識する。当該負債の当初認識時の帳簿価額は，預かった仮想通貨に係る資産の帳簿価額と同額とする（14項）。
・預託者から預かった仮想通貨は，仮想通貨交換業者が保有する同一種類の仮想通貨と簿価分離したうえで，活発な市場が存在する仮想通貨と活発な市場が存在しない仮想通貨の分類に応じて評価を行う（15項）。また，返還義務として計上した負債の期末の貸借対照表価額は，対応する預かった仮想通貨に係る資産の期末の貸借対照表価額と同額とする（15項）。

本実務対応報告14項は，仮想通貨交換業者が預託者から預かった仮想通貨に係る資産及び負債の認識を，15項は，当該仮想通貨に係る期末の

資産評価及び負債の貸借対照表価額について定めたものである。15項において、「負債の期末の貸借対照表価額＝資産の期末の貸借対照表価額」とされているとおり、預託者から預かった仮想通貨に係る資産及び負債の期末評価からは損益を計上しないことが明らかにされている。

　これまでの我が国の実務慣行によれば、原則として、預託者から受託者への法律上の権利の移転に着目して、預かった資産を会計上の資産として計上するか否かを判断するところ、上記のとおり、仮想通貨は私法上の位置付けが明確でないため、法律上の権利をもって移転の判断を行うことができない（54項）。また、仮想通貨交換業者が預かった仮想通貨は、自己が保有する仮想通貨と明確に区分管理することが「仮想通貨交換業者に関する内閣府令」（平成29年内閣府令第7号）において求められているものの（前述）、一般に仮想通貨自体には現金と同様に個別性がなく、また、仮想通貨交換業者は預託者から預かった仮想通貨を自己の保有する仮想通貨と同様に処分することができる状況にある（55項）。さらに、仮想通貨交換業者が破産手続の開始決定を受けたときには、現時点においては、仮想通貨交換業者の破産財団に組み込まれた預託者の仮想通貨について預託者の所有権に基づく取戻権は認められていないとされている（同項）[13][14]。

　これらの状況を踏まえ、自己が保有する仮想通貨との同質性を重視し、現金の預託を受ける場合と同様に、仮想通貨交換業者は仮想通貨を預かった時において、その時点の時価により資産として計上することとされた（56項）。なお、預託者から預かった仮想通貨に係る価格変動リスク等は仮想通貨交換業者が負うものではないことから、かかる仮想通貨からは損益を認識しない（58項。すなわち、資産価額＝負債価額となる。）。

---

[13]　東京地裁平成27年8月5日判決（判例集未登載）。松嶋隆弘「仮想通貨に関する法的諸問題〜近時の裁判例を素材として〜」税理60巻14号2頁（2017）参照。
[14]　仮想通貨取引を巡る損失と所得税法上の取扱いに関して論じるものとして、酒井克彦「仮想通貨と租税法上の問題」『法化社会のグローバル化と理論的実務的対応』289頁（中央大学出版部2017）。

(6) 具体的会計処理4： 売却損益の表示方法

> ・仮想通貨交換業者又は仮想通貨利用者が仮想通貨の売却取引を行う場合，当該仮想通貨の売却取引に係る売却収入から売却原価を控除して算定した純額を損益計算書に表示する（16項）。

　我が国の会計基準においては，売却収入及び売却原価の表示に関しては，売却収入と売却原価とをそれぞれ表示する取扱いと，売却収入から売却原価を差し引いた純額を表示する取扱いがあるところ（59項），仮想通貨交換業者が行う活発な市場が存在する仮想通貨の売買取引は，通常，同一種類に対する購入及び売却が反復的・短期的に行われ，購入価格と売却価格の差益を獲得するために行われているものと考えられることから，この特徴を踏まえ，かかる売却損益は，売買取引に伴って得られる差益をその発生した期間における企業活動の成果として純額で表示することが適切であるとされている（60項）[*15]。

　このように，本実務対応報告は純額表示についてこそ定めているものの，貸借対照表，損益計算書及びキャッシュ・フロー計算書における表示区分についてまでは定めていない。この点については，実務上表示区分の判断に迷うとの指摘もあり得よう。すなわち，本実務対応報告が，仮想通貨の保有目的にかかわらず「活発な市場」の有無によりその会計処理を定め，また，前述のとおり，仮想通貨を外国通貨・金融資産・棚卸資産・無形固定資産のそれぞれの性質と類似する部分があるとしつつも，結論としてはいずれの資産にも該当しないものと整理している中で判断基準が曖昧であるとの意見である[*16]。しかしながら，本実務対応

[*15] なお，活発な市場が存在しない場合においては，反復的・短期的な売買取引の対象とはならないものの，仮想通貨の売買取引に伴って得られる差益の獲得を目的として保有する点では活発な市場が存在する場合と同様であると考えられることから純額表示によることとされている（16，61項）。

[*16] 実務対応報告公開草案第53号「資金決済法における仮想通貨の会計処理等に関する当面の取扱い（案）」に対するコメント(10)参照。

Ⅲ　仮想通貨と会計処理

報告が指摘するように，仮想通貨に関連するビジネスが初期段階にあり，今後の進展の予測が困難な現状においては，表示区分を画一的に定めることは妥当ではないことに鑑みれば，表示区分については仮想通貨利用者等ごとの実情に合わせて判断されることが好ましいといえよう。

(7) 注記事項

　仮想通貨交換業者又は仮想通貨利用者が期末日において保有する仮想通貨，及び仮想通貨交換業者が預託者から預かっている仮想通貨については，仮想通貨の種類ごとの保有数量等の注記を要する（17項）。

　ただし，仮想通貨の貸借対照表価額の合計額が資産総額に比して重要でない場合には，注記を省略することができる（17項）。

(8) 適用時期

　本実務対応報告の適用に当たっては，一定の周知期間を設けることが有用と考えられることから，平成30年（2018年）4月1日以後開始する事業年度の期首から適用することとされた（18，64項）。

3　残された会計上の論点

　このように，仮想通貨を巡る会計上の取扱いのいくつかについては本実務対応報告によって明らかにされたところであるものの，残された課題も多い。以下では，若干それらの論点にも触れておきたい。

1　マイニング（採掘）

(1) 概　　要

　多くの仮想通貨はブロックチェーン技術を用いているが，その取引データの検証等の作業を最初に行った者は報酬として新たな仮想通貨を受け取ることができる。これを一般に，マイニングという。上記のとおり，マイニングによって取得した仮想通貨も本実務対応報告の適用対象となるが，本実務対応報告はマイニングを巡る会計処理までは明らかにしていない。多くの論点があるが，例えば，①マイニングによって仮想通貨を取得した場合の会計処理，②マイニングのための設備投資に係る会計

処理,③マイニングに係る電気代等のランニングコストの会計処理などを挙げることができる。

(2) マイニングによって仮想通貨を取得した場合の会計処理

マイニングによって仮想通貨を取得した場合,かかる仮想通貨を,①その取得に要した原価で測定し,取得に要した費用を資産に振り替える処理*17,若しくは,②取得時の時価で測定し,それに伴う収益を計上する方法が考えられる*18。この点,管見するところ,現状では後者の取扱いを支持する見解の方が多いように思われる*19*20。実現主義の観点からすれば*21,マイニングにより受け取った仮想通貨の市場性が乏しい場合を除いては,時価で資産計上し,同額の収益を計上する取扱いを行うことになろう。

(3) マイニングのための設備投資に係る会計処理

マイニングのための設備投資については,有形固定資産として取得原価で資産計上し,その後の期間を通じて減価償却の方法により費用配分していくことが従来の設備投資に係る基本的な取扱いと整合的であろう。

これに対して,マイニングの成果は不確実であり,他社とのマイニング競争に勝って十分な報酬が得られるとは限らないことに鑑みれば*22*23,将来のキャッシュ・フロー獲得の不確実性が高い当該設備投

---

*17 土屋雅一「ビットコインと税務」税大ジャーナル23号77頁参照(2014)。
*18 このような整理を行うものとして,秋葉賢一「仮想通貨の会計処理(2)」経営財務3276号18頁以下(2016)。
*19 国税庁「仮想通貨に関する所得の計算方法等について(情報)」問9もこの立場を採用している。
*20 池田幸典「仮想通貨マイニングをめぐる会計上の課題」産業経理78巻2号81頁(2018),安河内誠「仮想通貨の税務上の取扱い―現状と課題―」税大論叢88号422頁(2017),松嶋隆弘=渡邊涼介『仮想通貨をめぐる法律・税務・会計』221頁〔谷田修一執筆部分〕(ぎょうせい2018)など参照。
*21 これに対して,秋葉・前掲*18は,収穫基準によって説明する。
*22 池田幸典「仮想通貨をめぐる会計上の課題(2)」会計人コース53巻5号90頁(2018)。
*23 なお,報道によれば,平成30年(2018年)12月25日,GMOインターネットは同年12月期に仮想通貨のマイニング関連事業で約355億円の特別損失を計上すると発表した。同社は,マイニング装置の自社開発に取り組んできたが,市況の低迷を受けて撤退を決めたという(平成30年(2018年)12月25日付け日本経済新聞電子版)。

資につき，それを有形固定資産として取得原価から減価償却累計額を控除した金額で計上してよいのかという疑問も見受けられる[24][25]。この見解に拠れば，マイニングのための設備投資は有形固定資産として処理するのではなく，マイニング技術を確立するための開発活動たる研究開発費として費用計上すべきとの主張に繋がるわけであるが[26]，この場合には「研究開発費等に係る会計基準」に則って処理を行うことになろう[27]。

　有形固定資産として処理するか，あるいは研究開発費として費用処理するかについては，その実態に照らして判断するほかないのが現状であると思われるが，研究開発の範囲を広げて解釈することで設備投資支出のほとんどが費用処理されるおそれは否めない。

(4)　マイニングに係る電気代等のランニングコストの会計処理

　マイニングではコンピュータを稼働させるために大量の電力等が必要であることから膨大なランニングコストがかかるといわれている。かかる支出については，マイニングによって取得した仮想通貨の取得原価に含める方法と，一般管理費として処理する方法とが考えられる[28]。

　マイニングが，仮想通貨の製造行為でなく，サービスの提供に対して報酬を得る行為であることを念頭に置けば，設備のランニングコストを仮想通貨の取得原価に含めるのは妥当でなく，サービスの提供時点で費用処理していくことになるものと解される[29]。

2　ICO（Initial Coin Offering）

---

[24]　池田・前掲[20]，82頁。
[25]　事業用固定資産と投資の成果である将来キャッシュ・フローの関係においては減損処理も論点になり得る。この点，「固定資産の減損に係る会計基準の設定に関する意見書」三1も参照。
[26]　池田・前掲[20]，83頁。
[27]　なお，「研究開発費及びソフトウェアの会計処理に関する実務指針」では，研究・開発の典型例として9つのケースを挙げているが，そのうち，「②新しい知識の調査・探求の結果を受け，製品化または業務化等を行うための活動」に，マイニングの設備投資活動が該当する可能性は否定し得ない。
[28]　安河内・前掲[20]，422頁。
[29]　池田・前掲[20]，85頁。

(1) 概　　要

　ICOとは，資金調達主体である発行体が価値を持たせることを企図したデジタル記録であるトークンを発行・売却し，投資家からビットコインやイーサリアムといった広く流通し流動性の高い仮想通貨による払込みを受けることで資金調達を行う一連の取引をいう[*30]。金融庁は，平成29年（2017年）10月27日付けで「ICO（Initial Coin Offering）について～利用者及び事業者に対する注意喚起」を公表し，事業者に，ICOがスキーム次第で金融商品取引法の規制対象となる可能性を示すとともに[*31]，利用者に対しては，トークンの価格下落の可能性のみならず，ICOに便乗した詐欺への注意を促しているが，ICOを巡っては混沌とした状況にあるといえよう。

(2) 負債か資本かあるいは一時の利益計上か

　ICOでは貸方項目が重要な論点となり得る。すなわち，そもそもトークン発行取引が負債計上取引であるのか，若しくは資本計上取引であるのかについての議論であるが，貸方項目の検討場面では，資金調達企業が何の見返りに資金を受け取っているのかとの観点から考える必要があろう[*32]。

　資産負債アプローチを採用する現在の会計思考に拠れば，概念フレームワークにおける負債の定義を満たせば負債計上がなされるが（資金調達企業が顧客との契約による履行義務を負っていれば，受取対価を契約負債（前受金）とし，当該義務の充足につれて収益認識する方法が考えられる[*33]。），ICOにより発行されるトークンには負債性が判然としないものが多く，必ずしもICO取引の全てを負債取引と整理することは

[*30] 鈴木智佳子「ICO（Initial Coin Offering）の特徴と活用検討時の留意点」企業会計69巻12号107頁（2017）。
[*31] ICOと金融規制について，有吉尚哉「Initial Coin Offering（ICO）に対する金融規制の適用関係に関する一考察」NBL1111号4頁（2017）。
[*32] 秋葉賢一「ICOをめぐる会計問題」企業会計70巻2号92頁（2018）。
[*33] 秋葉賢一「仮想通貨と収益認識(1)」経営財務3338号32頁（2017）。

できない。他方で，ICOにおいては，通常，トークン保有者が発行者側の経営に参画する権利や何らかの持分を有しているわけではないため払込資本ともいえず*34，結果的に発行時における一時の利益計上がなされるとの見解もある。しかしながら，ICOが資金調達手段であることに鑑みれば，発行時における一時の利益計上には懸念の声もあるとおり*35，ICOについては，従来の会計思考で十分に対応し得るのかといった根本的な疑問も投げかけられるところであろう。

4 法人税法と本実務対応報告

　法人税法では，同法22条2項ないし3項の別段の定めとして，同法25条《資産の評価益の益金不算入等》及び同法33条《資産の評価損の損金不算入等》があることから，収益の額や原価・費用・損失の額の計上に当たっては，別段の定めが優先的に適用され，時価評価損益の計上が見送られることになる。

　本実務対応報告が，仮に，法人税法22条4項にいう「一般に公正妥当と認められる会計処理の基準」（以下「公正処理基準」という。）に該当するとしても，別段の定めが優先的に適用されることからすれば，「活発な市場」がある場合に，本実務対応報告に従って市場価格に基づく価額をもって貸借対照表価額とし，帳簿価額との差額を当期の損益として処理していたとしても，法人税法上はかかる差額を益金や損金として計上することにはならないようにも思われる。

　さらに言えば，本実務対応報告が「当面の取扱い」であることなどに鑑みると，そもそも，同報告が公正処理基準に当たると解することには躊躇を覚えざるを得ない。対象となる会計処理の公正処理基準該当性判断に当たっては，基準内容アプローチ（ある会計処理の基準の公正処理

---

*34　田口安克「ICO発行者側の会計処理及び税務処理の検討」税研202号30頁（2018）。
*35　秋葉・前掲*32，93頁は，この一時利益計上の懸念に関する議論は，資本的支出に充てた国庫補助金や工事負担金の処理を巡る論点に通ずる部分がある旨を指摘する。

基準該当性の判断において,それが法人税法上の趣旨等からみて公正処理基準として妥当か否かを判断する実質的な判断アプローチ)のほか,慣行該当性アプローチ(ある会計処理の基準が慣行として広く一般に採用されているか否かによって公正処理基準該当性を判断する形式的な判断アプローチ)という二重のチェックが必要と解されるべきところ[*36],本実務対応報告が「当面の取扱い」である以上,公正処理基準該当性を肯定するに,そもそも慣行該当性アプローチの観点からハードルが高いといわざるを得ないからである。

なお,平成30年度税制改正において,法人税法22条の2が創設された。これは,収益認識基準への法人税法上の対応であるが,新たに設けられた法人税法22条の2は,同法22条4項の「別段の定め」と解される。そうであるとすると,仮想通貨を法人税法上の「資産」であると捉えるのであれば,資産の譲渡に関しては法人税法22条の2の適用を受けることになり,同法22条4項,すなわち公正処理基準の影響は受けないことになろう。したがって,このように解してもまた,本実務対応報告が法人税法上依拠すべき指針となるものと位置付けるべきことにはならないように思われるのである。もっとも,平成31年度税制改正大綱によれば,法人税法においても,本実務対応報告における期末評価と整合的な取扱いを採用することとされているとおり,今後立法による解決が図られることになろう。

結びに代えて

以上,本実務対応報告の示す会計処理を項目ごとに順に確認してきたが,基本的には従来の我が国における会計思考に沿った比較的受け入れやすい内容となっているように思われる。換言すれば,従来の会計思考から容易に処理を導き出せない,あるいは統一的な処理を示すことが困

[*36] 酒井克彦「法人税法22条4項にいう『公正処理基準』該当性に係る判断アプローチ」商学論纂571=2号79頁参照(2015)。

難であるといった項目については，本実務対応報告の埒外とされているともいえよう。また，「当面の取扱い」とされていることからも判然とするとおり，本実務対応報告で明らかにされた会計処理は非常に限定的であって，仮想通貨の今後の動向如何によっては柔軟な対応がなされることが期待される。

3 で確認したマイニングや ICO のほか，ここでは触れることができなかったが，仮想通貨を支払手段とした場合の販売や購入取引についても本実務対応報告は触れていない[37]。本実務対応報告において言及されている部分に関しては，従来の会計基準に優先して本実務対応報告上の取扱いがなされると解されるものの，本実務対応報告で明らかにされていない事象については，「対象となる取引の経済的実態を的確に捉え，それを会計処理として落とし込んでいくという本質」に従って処理していくしかない[38]。処理や表示について不明確な部分に関しては，注記等を通じて財務諸表利用者を保護していくべきであろう[39]。また，本実務対応報告に従って会計処理を行った場合，その処理が法人税法上の取扱いと異なる可能性も想定されるが，その場合には必要に応じて繰延税金資産・負債の計上等が求められることにもなると考えられる[40]。

なお，平成29年（2017年）12月1日，国税庁は「仮想通貨に関する所得の計算方法について（情報）」（同庁は翌年11月に，「仮想通貨に関する税務上の取扱いについて（**FAQ**）」も公表している。以下併せて「国税庁情報」という。）を発出しており，実務上の処理の指針となっているものと解される。国税庁情報では取扱いが公表されているものの，本実務対応報告では触れられていない論点として，仮想通貨の分裂（分岐）に関する取扱いがある。かかる取扱いを考えるに当たっては，実務

---

[37] 仮想通貨による商品への販売取引に係る会計処理について，秋葉賢一「仮想通貨と収益認識(2)」経営財務3340号56頁（2017）参照。
[38] 松嶋ほか・前掲＊20，217頁。
[39] 松嶋ほか・前掲＊20，217頁。
[40] 関口智和「仮想通貨の会計処理・開示ポイント」経理情報1515号23頁（2018）。

上，国税庁の見解を参考にする場面も十分あり得ると思われるが，この点について，本実務対応報告の公開草案に対するコメントでは，「仮想通貨の分裂（分岐）の取扱いについては，所得税法上の取扱いが国税庁より示されているが，これに関する会計上の取扱い（例えば，分裂後の仮想通貨の取得価額を分裂時点の市場価格を基礎とすべきかや売却損益算定にあたっての簿価通算／簿価分離の考え方等）は明確でなく，当該会計処理が明確でないことにより，実務での考え方が不整合になることが危惧される。」との指摘があった[41]。結局のところ，本実務対応報告は，あくまでも「当面の取扱い」としての性格から，仮想通貨の分裂（分岐）に係る会計処理について定めることはしなかったが，こうした状況下において国税庁情報の取扱いを参考にするとするならば，そもそも当該情報の考え方の合理性について十分に検討する必要があることはいうまでもない。

　仮想通貨の分裂（分岐）についていえば，国税庁情報では「仮想通貨の分裂（分岐）に伴い取得した新たな仮想通貨については，分裂（分岐）時点において取引相場が存しておらず，同時点においては価値を有していなかった」と考えられるとし，当該仮想通貨の売却等の時点まで所得は生じないものとしているが，こうした取扱いについては議論の余地があるのではなかろうか。すなわち，分裂時において本当に経済的価値が発生していないといい得るのか，あるいは，「価値がないこと」と「価値が測定できないこと」の相違についての検討が必要となるであろう[42]。ここでは，通達等の逆基準性の問題についてはひとまず置いておくが[43]，仮に国税庁情報を会計処理の実務上の参考にする場合には，国税庁情報が仮想通貨の取扱いに関する論点の全てを解決しているもの

---

[41]　実務対応報告公開草案第53号「資金決済法における仮想通貨の会計処理等に関する当面の取扱い（案）」に対するコメント(15)参照。
[42]　酒井克彦「仮想通貨と所得税」税理61巻11号16頁（2018年）。
[43]　企業が通達に従った会計処理を採用する傾向にあることから，租税法により企業会計の実質的支配がなされることを「逆基準性」と呼ぶ（酒井克彦『アクセス税務通達の読み方』28頁（第一法規2016））。

ではないこと，あくまでも所得税法及び法人税法上の取扱いを示したものにすぎないこと，さらには，かかる情報が，そもそも体系的な所得税法及び法人税法上の理解と整合的なものであるといえるのか等についての検証を行う必要があると考える。そのような検証なくして会計処理を行うことは妥当でなかろう。仮想通貨を巡る経済事象の変化に法整備が追いついていない今日においては，個別の経済的実態を把握して，現時点で整備されている会計処理原則を参考に具体的な会計処理に落とし込んでいく作業を行っていくほかはないのが現状である。

［酒井　克彦＝臼倉　真純］

Ⅳ 仮想通貨税制の課題と展望

はじめに

　経済の新しい展開に租税法上の問題が付着することからすれば，経済を語るに当たって，租税上の問題を避けて通れないのは当然である。そして，経済の促進や停滞に租税法上の取扱いが大きな影響を与えることもまた事実である。

　株式や FX などの金融商品取引から生じた所得について一律分離課税が適用され20％程度の税率をもって課税関係が終了するのに対して，仮想通貨に係る課税上の取扱いについて，国税庁は雑所得による総合課税とし，累進課税の適用を受ける旨説明している。また，仮想通貨取引によって損失が生じたとしても，他の所得との損益通算は認められていない。そこには，他の金融商品と比べ，課税上の取扱いの観点から仮想通貨が競争劣後に立たされているという中立性の問題を指摘することができるかもしれない。もっとも，かような課税上の取扱いがとりわけ仮想通貨取引に不利益を与えているという面のみを強調することが妥当であるか否かについては，政策的側面に大きな関わりを持つところでもあるから慎重な議論が必要である。かかる議論は，財政政策，金融政策などの総合的な視角を含めて，仮想通貨を国家政策としていかに捉えていくべきかという問題関心を基礎としなければならないことはいうまでもない。その政策決定においては，例えば，マネーロンダリングの問題や加熱する投機取引がもたらすであろう投資者保護の問題，詐欺やハッキングといったシステム上の脆弱性などに対する一定の見極めが要請されよう。

　課税上の取扱いは，かような仮想通貨を巡る多面的な問題に対する取組みに大きく依存することになるとは思われるが，実際に仮想通貨が多くの者に利用されている現状を直視すれば，検討すべき税制上の論点の解決は喫緊の課題であると思われる。かかる議論においては，バイアス

の排除が重要である。また，金融法的インフラ等整備の問題は他の法領域に委ねるとしても，それらの議論に注視する必要があることはいうまでもない。金融法的インフラ等が整備された際には，それらのインフラに一定程度委ねる形にして，税制上は，例えば適格仮想通貨取引と非適格仮想通貨取引といった評価を前提とした具体の措置を講じることが肝要ではないかと思われるのである。

1 仮想通貨税制の整備

　国会審議における答弁をみると，いまだ仮想通貨の法的性質が定まっていないことが確認できる。そのことが，課税上の取扱いに対する立法的手当を遅らせてきたことの理由の一つであることは間違いがないと思われる。また，今後の仮想通貨の展開を見定めることが難しい状況が続いてきたという点も積極的なインフラ整備が未完のままとされてきたことの理由の一つかもしれない。当初，麻生太郎財務相は，国際社会における覇権をも射程に入れた発言をしていたが，そのような態度が現在においても維持されているかどうかは必ずしも判然としない[*1]。

[*1]　平成30年（2018年）5月29日の衆議院財務金融委員会において，麻生太郎財務相は「今回のG7でもこの話が出てくると思っているんですが，これは今，ちょっと役人に聞かれても，それは，世界じゅう，まだこれの定義を決め切っておりませんので，これは通貨，通貨というと，ちょっとおまえ，これは何というのは，これはだからみんな暗号資産というような言葉に変わってきた経緯がありまして，ちょっとこれを今の段階でどうのこうのというのを言えないところなんですが，
　これは猛烈な勢いで，ブロックチェーンという技術によって，これはハッシュ関数という関数を使うんですけれども，このハッシュ関数を使うことによってこれが全く別の技術として，今世界で多分日本が一番進んでいるということになると思いますので，これがうまく化けると，世界の中でも恐ろしい技術として世界の評価になり得るというところまでは来ているのは間違いないんですが。
　したがって，よくわからぬからやめちゃおうといって，中国は禁止，韓国もたしか禁止したと思うんですが，日本は，ちょっと待て，これはうまく育てればすごいことになるというものがありますものですから，今こういったものを，金融庁できちっと見ながらこれを，善意の第三者が妙にひっかかったりなんかせぬように，きちんといろいろなことをやりながら，今いろいろ育てつつある。
　うまくいけば育つというので，それまでの間の被害を最小限にとめながらやりたいと思っておるという段階なので，何かと言われるとちょっと困る。世界でもあれが決まっていないという状況にあるということだけは御理解いただければと存じます。」と発言していた。

実際問題として，現実的に莫大な金額の取引が既になされているのであるから，課税上の取扱いに関する立法論を含めた議論が早急になされるべきであったことは紛れもない事実である。

2　仮想通貨の現在
1　仮想通貨のボリューム感
　仮想通貨の代表であるビットコインは，近年極めて注目され，我が国を中心として多くの投資家がその取引に参加するようになった。とりわけ2017年末から2018年にかけて利用者が急増し，価格の莫大な高騰が話題になるなど牛耳をさらってきたといってもよい。

　独市場調査会社ダリア・リサーチ（Dalia Research）によると，仮想通貨に対する認知度と理解度は，韓国（87％，60％）と日本（83％，61％）で最も高かった。仮想通貨の保有率では日本が11％と最も高く，全体の平均は7％だった。仮想通貨に対して厳しい政策が続いている中国では，保有率が3％と最も低かった（https://medium.com/

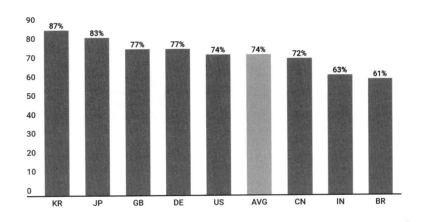

Ⅳ　仮想通貨税制の課題と展望

Cryptocurrency Knowledge

Total % of people who are at least knowledgeable of cryptocurrencies

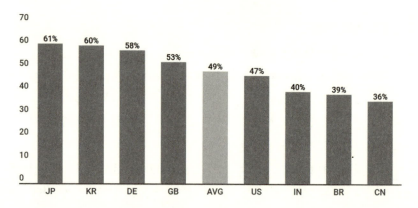

The results shown are based on a survey of 29,492 internet-connected respondents from the US, the UK, Germany, Brazil, Japan, South Korea, China and India conducted by Dalia Research in March 2018.

Cryptocurrency Ownership

Which of the following best describes your familiarity with cryptocurrency (i.e. bitcoin, ethereum etc)?
"I own some cryptocurrency"

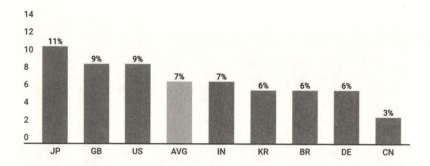

The results shown are based on a survey of 29,492 internet-connected respondents from the US, the UK, Germany, Brazil, Japan, South Korea, China and India conducted by Dalia Research in March 2018.

daliaresearch / how‐many‐people‐actually‐own‐cryptocurrency‐4 ff 460301520〔平成30年 7 月28日訪問〕）。

　ちなみに，仮想通貨のトップ 5 についての取引状況（平成31年（2019年） 1 月11日午前11時22分現在）は以下のとおりである。また，仮想通貨の時価総額（マーケットキャップ：Market　Capitalization）は，122,611,409,278ドル（13,274,300,668,182円（約13兆円））である。

Top 100 Cryptocurrencies by Market Capitalization							
# Name	Market Cap	Price	Volume (24h)	Circulating Supply	Change (24h)	Price Graph (7d)	
1 Bitcoin	$64,448,282,484	$3,687.86	$6,152,868,665	17,475,775 BTC	-3.65%		
2 XRP	$13,661,197,698	$0.332872	$603,135,692	41,040,405,095 XRP *	-4.09%		
3 Ethereum	$13,126,998,579	$125.84	$2,882,577,351	104,313,270 ETH	-6.48%		
4 Bitcoin Cash	$2,284,438,144	$130.09	$284,497,371	17,560,238 BCH	-5.37%		
5 EOS	$2,184,532,621	$2.41	$982,214,719	906,245,118 EOS *	-6.86%		

2　分散化の仕組み

　平成31年（2019年） 1 月現在，世界で流通している仮想通貨は約2,000種類以上存在している。また，ICO（Initial Coin Offering）等を含めると世の中には数百万種類の仮想通貨があるともいわれている（一般社団法人日本仮想通貨交換業協会（平成30年 4 月10日）「仮想通貨取引についての現状報告」https：//www.fsa.go.jp/news/30/singi/20180410-3.pdf〔平成30年 7 月28日訪問〕）。

　仮想通貨では，中央集権的ではなく分散型の仕組みが採用されているため，特定の国家的監視下に置かれず，またその匿名性の高さゆえに，詐欺や盗難といった世間の耳目を集める事件が発生してきている。また，マネーロンダリングや脱税に利用されやすいという点も指摘されており，利用者保護や規制が十分ではないといった点の警鐘も鳴らされてきたところである。

　利用者にとって，各種の法的規制に関心を持つことは当然であるが，

他方で，課税上の取扱いに関する情報は十分であろうか。結論からいえば，不十分であるといわざるを得ない。この点は，諸外国においても同様である。

欧州中央銀行（ECB）は，2012年10月に「仮想通貨のスキーム」という報告書をまとめ，将来的に変更され得る余地を認めつつ，仮想通貨について定義を規定した。OECD加盟国を中心に組織された金融活動作業部会（FATF）は，2015年6月に仮想通貨に関するガイダンスを発表している。これは，後のブエノスアイレスG20財務相・中央銀行総裁会議において，FATF基準の実施にコミットすべき旨が確認されている。G7エルマウ・サミットでは，「我々は，仮想通貨及びその支払手段に適切な規制を含め，全ての金融の流れの透明性拡大を確保するために更なる行動をとる。」旨の合意がなされている。なお，欧州委員会は，2016年7月に第4次マネーロンダリング指令の改正を行ったが，これは，仮想通貨の急激な高騰等を受けてのものであると指摘されている。そこでは，仮想通貨に対する制約が合意されている。

米国証券取引委員会（SEC）は，2017年7月に，仮想通貨を使った資金調達（ICO）に関する投資公報を発表し，ICOが正しく利用されない可能性につき注意喚起をしている。また，米国商品先物取引委員会（CFTC）は2017年12月に「仮想通貨取引におけるリスクの理解」という通知文を公表した。そこでは，仮想通貨が国家的な後ろ盾を有していない点を指摘している。

3　税制上の取扱い

1　仮想通貨に関する税務上の取扱い

税務上の取扱いについてみれば，米国内国歳入庁（IRS）は，2014年3月に，仮想通貨に関するガイダンス及びよくある質問と回答を発表し，仮想通貨を通貨（currency）とは異なり，資産として扱うとした上で，仮想通貨取引に関する帳簿記載義務を課している。また，IRSは，2018

年3月に「納税に対する仮想通貨取引の報告に関する再度喚起」を発して，確定申告の注意喚起を行っている。

さて，我が国ではどうであろうか。我が国では平成28年（2016年）6月に資金決済に関する法律（資金決済法）の改正により仮想通貨が法律に定められた。これは世界に先駆けた立法的対応として評価されるべきであるといえよう。

その後，平成29年（2018年）度税制改正により，仮想通貨の譲渡に係る消費税は非課税とされ，同年12月1日に，国税庁課税部個人課税課が情報第4号として，「仮想通貨に関する所得の計算方法等について（情報）」を発表した。また，平成30年（2018年）11月30日には，追加の情報として，「仮想通貨に関する税務上の取扱いについてFAQ」を発表している。

2 解釈論の現状

国税庁が発表している上記の取扱いは，仮想通貨を巡る課税上の取扱いのほんの一部を明らかにしているにすぎない。仮想通貨の取引に関しては様々な場面で税務上の取扱いの問題が生ずると考えられるが，依然としてその多くが解釈に委ねられているのが現状である。

消費税や所得税に関しても様々な論点があるし，法人税や相続税の論点については，上記FAQの公表まで正式にはまったく明らかにされてこなかった。加えて，諸外国における議論や，会計上の取扱いについても，我が国の税務上の取扱いを考えるに当たって避けることのできない論点である。

4 税制改正の方向性

1 当局による情報照会

平成31年（2019年）度税制改正における議論では，仮想通貨の税務上の取扱いが取り上げられた。

そこでは，仮想通貨取引の健全な発展を図るという目的が共有されて

おり，その発展を図る観点からも「適正な課税を確保すること」が重要とされている点に注目したい。他方で，税務当局が情報をとる方策が検討されている。高額・悪質な無申告者等を特定するため特に必要な場合に限り，担保措置を伴ったより実効的な形による情報照会を行うことができることとするというのが政府税制調査会の方針である。

では，どのような情報照会が検討されているのであろうか。自由民主党税制調査会の資料によると，照会できる場合を以下のようなケースに限定するとしている。

① 多額の所得（年間1,000万円超）を生じ得る特定の取引の税務調査の結果，半数以上で当該所得等について申告漏れが認められた場合
② 特定の取引が違法な申告のために用いられるものと認められる場合
③ 不合理な取引形態により違法行為を推認させる場合
（注）いずれも他の方法による照会情報の収集が困難である場合に限る。
④ 照会する情報を「氏名等」に限定
（注）「氏名等」とは，氏名並びに（保有している場合には）住所及び番

号（個人／法人）をいう。

2　課税関係の整備

また，個別の所得税法あるいは法人税法上の取扱いに関して整備を行うとの方針が示されている。すなわち，所得税及び法人税の期末評価方法として時価法の導入が指摘されている。

＜課税関係の整備関係＞

⑤　仮想通貨に関する所得税の取得価額の計算方法の明確化

　個人が仮想通貨の売却をした場合において，その取得価額を計算する際に行う期末評価額の計算方法は，移動平均法又は総平均法とすることを法令上明確化する。

⑥　仮想通貨に関する法人税の課税関係の整備

　仮想通貨について，会計上の取扱いが公表されたことを契機に，活発な取引が行われている仮想通貨の期末評価方法を時価法とする，仮想通貨の譲渡原価の算出方法を移動平均法又は総平均法とする等の法人税の課税関係を整備する。

(1) 所得税法上の取得価額

所得税法上の取得価額の計算方法については，次のとおり，移動平均法と総平均法の併用が法定化されることが提案されている。国税庁の情報によれば，所得税法上の取扱いは原則として雑所得になると解釈されているところ，同法は例えば，雑所得の基因となる有価証券の取得価額については，総平均法を採用することとしている。そうであるのにもかかわらず，仮想通貨については移動平均法が原則的取扱いであって，総平均法が例外的に一定の要件の下で認められるとするのは妥当なのであろうか。所得税法が，雑所得の基因となる資産の譲渡につき総平均法（正確にはその都度平均法）によることとしているのは，そもそも，帳簿体系の担保されていない状況においては移動平均法を採用しづらいという事情を斟酌しているからであると解される。このような同法の考え方からすれば，仮想通貨の取得価額の算定においても，総平均法を原則とするという考え方こそが採用されるべきなのではないかと思われるのである[*2]。

[*2]　この点については，酒井克彦「仮想通貨取引における所得税法上の『移動平均法』の適用に関する検討」税務事例50巻11号38頁（2018）。

仮想通貨に関する所得税の取得価額の計算方法の明確化（案）

【現行制度の概要】
○ 仮想通貨に係る課税は、次のとおり取り扱われている。
① その所得区分は、原則として、雑所得
② 取得価額の計算方法については、原則として移動平均法、継続適用を要件に総平均法を用いても差し支えない。

【見直し案】
○ 個人が仮想通貨の売却をした場合において、その取得価額を計算する際に行う期末評価額の計算方法は、移動平均法又は総平均法とすることを、法令上明確化する。

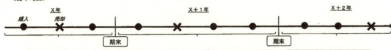

○ 購入の都度、平均単価を改定し、期末時点における平均単価を基に期末評価額を計算
【算式】期末評価額＝期末時点の平均単価×期末時点の数量

<総平均法>

○ その年中で一括して期末評価額を計算
【算式】期末評価額＝（その年の購入総額＋前期末評価額）÷（その年の購入数量＋前期末数量）×期末時点の数量

仮想通貨に関する法人税の課税関係の整備（案）

【会計上の取扱い】
企業会計基準委員会（ASBJ）により実務対応報告第38号「資金決済法における仮想通貨の会計処理等に関する当面の取扱い」が公表され、期末に保有する仮想通貨について、以下の区分に応じて期末評価を行い、帳簿価額との差額を当期の損益として処理することとされた。
・ 活発な市場が存在する仮想通貨…時価法
・ 活発な市場が存在しない仮想通貨…切放し低価法

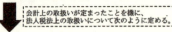

会計上の取扱いが定まったことを機に、法人税法上の取扱いについて次のように定める。

【法人税法上の取扱い（案）】
○ 法人が期末に保有する仮想通貨について、以下の区分に応じたそれぞれの方法により評価した金額を期末における評価額とし、①については評価損益を計上することとする。
① 活発な市場が存在する仮想通貨…時価法
② 活発な市場が存在しない仮想通貨…原価法
※ 低価法は、保守的に過ぎることから適用しないこととする（有価証券の評価についても、同様の理由から平成12年度税制改正において廃止されている。）。
○ 仮想通貨の一単位当たり譲渡原価の算出方法について、移動平均法又は総平均法とする。
○ 仮想通貨の譲渡損益について、その譲渡に係る契約をした日に計上することとする（約定日基準）。
○ 仮想通貨の信用取引等について、期末に決済されていないものがある場合は、みなし決済損益額を計上することとする。
○ その他所要の措置を講ずる。

(2) 法人税法上の取得価額

次に，法人税法上の取扱いはどうであろうか。

法人税法について，政府税制調査会では，企業会計基準委員会の実務対応報告38号「資金決済法における仮想通貨の会計処理等に関する当面の取扱い」に準拠する取扱いが検討された。

そこでは，法人が期末に保有する仮想通貨について，①活発な市場が存在する仮想通貨と，②活発な市場が存在しない仮想通貨の市場評価を念頭に置き，①の場合には時価法，②の場合には原価法を採用することが法定化されるべきとの意見形成がなされている。こうした活発な市場の有無による考え方は，会計上の取扱いとも親和性を有するものといい得るであろう。

このような取扱いが法定化されることで明確な取扱いとなると思われる。

3 検　　討

仮想通貨取引の情報を課税当局が把握できるようにすることは適正公平な課税の実現には有益であると思われるが，さらに，国税当局の執行上問題視されるべき点の一つとして，いわゆる出国税の取扱いが仮想通貨に及んでいない点を指摘できよう。

すなわち，現行所得税法60条の2《国外転出をする場合の譲渡所得等の特例》は，対象となるキャピタルゲインを生ずる資産を条文上限定していると解されるところ，仮想通貨については規定がない。

なお，国税庁が仮想通貨についての取扱いを明らかにしていること自体は評価されるべきであると考えるが，他方で，仮想通貨というものを確定的に捉えているのではないかとの不安を覚える。前述のとおり，現在，仮想通貨には2,000種類以上のものがあり，全てを支払決済手段のためのものと位置付けることが妥当なのかという大いなる疑問がある。ビットコインのみが仮想通貨では決してないし，支払決済手段として保有されない仮想通貨もあれば，そもそも「生活に通常必要な動産」（所

令25) に該当し，譲渡によって得られた所得が譲渡所得に該当するか否かはともかく非課税（所法9①九）となることも考えられるし，「生活に通常必要でない資産」（所法62，所令178①）に該当し，損益通算が制限される仮想通貨もあり得るのである。そうであるとすると，その全てを「仮想通貨」という括りで議論することさえも躊躇されるのであって，立法政策的には「仮想通貨」の定義を明確にするところから出発しなければならないはずである。

　そもそも，支払決済手段としての意味を有する仮想通貨とはいかなるものを指すのかという疑問さえも惹起され得る状況にあるのであるから，例えば，税制上の適格・非適格などの議論を始める大前提として，「仮想通貨とは何か」という命題の解決に取り組むことが喫緊の課題なのではないかと考えている。

〔酒井　克彦〕

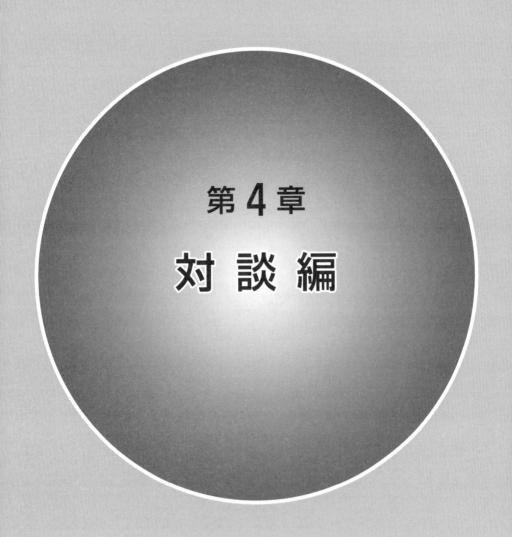

第4章
対談編

Ⅰ 仮想通貨取引と税制インフラ整備

対談者：酒井克彦（アコード租税総合研究所所長・中央大学教授）
　　　　樋田桂一（日本ブロックチェーン協会事務局長）
対談日：平成30年8月13日（月）

1 業界としてのこれまでの取組み

酒井：本日はどうぞよろしくお願いします。

樋田：よろしくお願いします。

酒井：対談をするに当たって，専門家の樋田さんに，「仮想通貨って何ですか」というような質問から始めるのは時間がもったいないですから，その辺りのことは，税理2018年9月号（61巻11号）の特集をご覧いただくとしまして，まずは，樋田さんの自己紹介も兼ねて日本ブロックチェーン協会（JBA）の活動をスタートラインからご教示願いたいと思います。

樋田：私たちの活動の特徴としまして，はじめに行政に相談しに行ったわけではなく，自民党の先生方とのつながり作りから始まっているというのが大きいと思います。
　自民党IT戦略特命委員会というのがあり，委員長が平井卓也先生で，その中の資金決済小委員会の委員長が当時，福田峰之先生が務められていました。この資金決済小委員会が平成26年（2014年）当時，仮想通貨，ビットコインについて取り扱うということが分かったこと

から始まっているんです。

酒井：相当早いうちからですね。

樋田：そうですね。実は，平成24年（2012年）から，東京ビットコインミートアップというユーザーコミュニティーがありました。毎週木曜日に開催され，仮想通貨の界隈の人たちのたまり場のような場所になっていたのです。そこに，私も出入りをしておりました。

　平成26年（2014年）2月のマウントゴックス事件の時は，日本ブロックチェーン協会のような団体がなかったので，マスコミはそこに集まったんですよ。そこで記者の方たちと知り合って，仲良くなった記者さんに調べていただいて，自民党の先生方のことを知ったのです。

　私個人での行動ですが，平井先生と福田先生のウェブサイトの問い合わせフォームから会ってほしいとメッセージをお送りさせていただきました。今考えるとかなり無謀な行動をしたものだと思っております。

　送ったら，すぐ福田先生から電話がかかってきて，「明日来れるか」と聞かれたので，「行きます」と答えました。その日のうちに，今の顧問弁護士の斎藤創弁護士と友人を呼び出して，3人で政策っぽいものをまとめました。そして，平成26年（2014年）3月7日に3人で初めて衆議院第一議員会館の福田先生の部屋へ行きお話させていただきました。全てはそこから始まっているんです。

　その時，福田先生からは規制ではなくて，ビットコインなどの仮想通貨を産業として育てたいというお考えをお聞きしました。

　当時，国会では「ビットコインは通貨ではない」との政府答弁が出ていたので，自民党IT戦略特命委員会では，ビットコインなどを「仮想通貨」と言えなかったんです。そこで委員会では，独自に「価値記録」と定義して，「ビットコインをはじめとする『価値記録』への対応に関する【中間報告】」というものを出しました。その中に，

業界団体を作り，まずはそこで自主規制として進めるという方向性を入れていただきました。それが平成26年（2014年）6月のことです。それを受けて我々は，同年9月に日本価値記録事業者協会という団体を立ち上げたのです。

　でも，平成26年（2014年）当時ってまだ本当に，マウントゴックス事件もそうですけれど，仮想通貨というか，ビットコインをやっていること自体がもう怪しい何か詐欺師みたいであると，散々言われました。ビットコインを扱っているというだけで，実は，銀行口座が作れなかったことも当時あったんですよ。それでビジネスをやめた会社もありました。

　その後，徐々に仮想通貨が認識されるようになり，平成29年（2017年）の改正資金決済法（通称「仮想通貨法」）の施行後，ユーザーも増えてきて，何か盛り上がっているなというので一般化していきました。

2　国内の状況

酒井：そこでお伺いします。仮想通貨を巡っては，これまでG20やサミット等で取り上げられることはありましたが，未だ必ずしも世界的にハーモナイゼーションが確立されているわけではないと思われます。各国がいわばバラバラに仮想通貨に対する取組みをしている中での日本の仮想通貨を巡る現状について確認をしたいのですが，そこを簡単に教えていただけますでしょうか。

樋田：平成29年（2017年）の4月に改正資金決済法が施行されて，そこから大きく変わってきました。施行からもう1年少し経っていますが，現状では仮想通貨交換業者として16社が登録されております。

酒井：仮想通貨交換業が登録制度になっています。現在約200の交換所が存在していて，平成30年（2018年）の3月時点では16社が仮想通貨

交換業者の登録をしているようです。これらはみなし仮想通貨交換業者ですが，金融庁の資料によりますと，アプライ段階の業者はおそらく100を超えているのではないかとのことです。金融庁は結構厳しい審査をするようになっているようですが，実際そういう感じなんですか。その１つがモニタリング調査結果に出ているようですね。

樋田：平成30年（2018年）１月26日に起きたコインチェック（coincheck）事件が大きく影響しております。事件が起きた後，金融庁からの審査，検査も含めて，大変厳しくなっていると聞いております。

　８月10日に金融庁仮想通貨モニタリングチームから中間報告が発表されましたけれども，それを見ていただければ分かるとおり，既存の金融機関と比べると，非常にコンプライアンスやセキュリティの面において劣っている状態だということがよく分かります。これから体制を改善していかねばならないことが多々ありますね。

　しかし，今回のコインチェック事件を受けての金融庁の対応というのは非常に早かったと思っています。

酒井：そうですね。仮想通貨交換業者の会社規模が前事業年度比で平均して553％もの拡大を見せており，金融庁は，この急速な拡大に注目をしているようです。そのことが，少ない役職員で多額の利用者財産を管理しているという点，平均して１名で33億円を取り扱っているという実態にもつながっていると思うのですが，これは主にみなし業者において顕著なのでしょうが，平成29年（2017年）秋以降，取引が急拡大しビジネス展開を広げていることに，内部管理態勢の整備が追いついていないと指摘しています。

　具体的に，①ビジネス部門では，仮想通貨の選定に当たっては，その利便性や収益性のみが検討されている反面，取扱い仮想通貨ごとにセキュリティやマネーロンダリング・テロ資金供与等のリスクを評価

Ⅰ　仮想通貨取引と税制インフラ整備

した上で，リスクに応じた内部管理態勢の整備を行っていないということ，②リスク管理・コンプライアンス部門では，口座開設，仮想通貨の移転取引に係る各種規制の理解や，暗号資産のリスク特性を踏まえたマネーロンダリング・テロ資金供与対策など，現業にアドバイスを行うのに必要な専門性や能力を有する要員が確保されていないということ，③システムリスク管理については，業容や事務量に比べ，システム担当者が不足しているとか，サイバー攻撃に関するリスクシナリオやコンティンジェンシープランを策定しておらず，セキュリティに関しての研修が実施されていないといった現状が指摘されています。

　さて，数年前から俯瞰して眺めると，仮想通貨については，中国が一時期相当力を入れていましたよね。

樋田：そうですね，はい。

酒井：その後，中国は仮想通貨取引を全面的に禁止するという態度に出て，それがあって，仮想通貨に関する覇権争いで日本が優位に立てるのではないかと……。これは邪推ですが，そういうところから法制度の整備も日本は相当早くから乗り出したという感じがしたのですが，その見立ては正しいのでしょうか。

樋田桂一事務局長

樋田：それを言うと，もう少し前の話に戻らなければならないのですが，平成26年（2014年）2月にマウントゴックスという日本にあった交換所が破綻をして，多くの債権者が出たという事件がありました。それを受けて政府が規制をするというような方向になったんです。

当時，当局の人たちは，これらを扱いたくなかったということで，われわれが自主規制団体として，日本価値記録事業者協会を作って自主規制でやっていたんです。

2015年になると，世界的なマネーロンダリング対策組織であるFATF（Financial Action Task Force on Money Laundering）が仮想通貨に関するマネロン対策をしてほしいという提言を各国に出しました。それを受けて，日本はマウントゴックス事件もあったので，いち早く法整備を進めるということで金融庁にて仮想通貨をテーマにした金融審議会が始まりました。1年かけて話し合いをして法律を作って，平成28年（2016年）5月に国会で改正資金決済法案が成立したという流れです。

先ほど酒井先生が言われた邪推というところは，ちょっと難しい話になるかと思います。なぜかというと，FATFというのは，マネーロンダリング対策について各国の体制をチェックしたりとか，提言したりとかする機関なんですけども，平成27年（2015年）に日本で第三次対日審査というのがあって，日本は点数が低かったという現状がありました。日本としてはそこをなんとか挽回したいという思惑があったのではないかと私も邪推しております。平成27年（2015年）の4年後には第四次対日審査が実施予定です。そこに何かしら新しいものによって点数を稼ぎたいという思惑が見え隠れしているんです。平成27年（2015年）に開催された金融審議会でも，一番最初の目的に書かれています。FATFからのそうした話があったので，日本での仮想通貨に対する法整備が一気に進んだと思っております。

I　仮想通貨取引と税制インフラ整備

中国は2016年から2017年の中頃までは仮想通貨取引高では世界一のボリュームがありましたが，2016年12月に信用取引が禁止され，2017年の早い時期に仮想通貨の現物取引を含めて完全に禁止にしました。

　他方，2018年に入ってかなりアメリカの動きが激しくなっています。これまでそれほど大きな動きはなかったのですが，仮想通貨とブロックチェーンを取り込んで，成長産業として取り組みたいという姿勢が見られます。政府機関（特に証券取引委員会（SEC）や商品先物取引委員会（CFTC））が前向きな発表を出し，それを受けて既存のアメリカの大手金融機関までが仮想通貨市場になだれ込んでくるような状況になっています。それらのニュースがバンバン流れている現状をみていると，アメリカの本気度がわかります

　今の貿易戦争じゃないですけども，アメリカに対して，中国が全くこれを禁止していてやらないということは，あまり考えられません。私の個人的な推論ですけども，中国は体制を今整えつつあって，ブロックチェーンについてはかなり取り組みをやっているんですけど，仮想通貨取引についても同じように進めて再開をするのではないか思っています。

酒井：なるほど。仮想通貨がよく進んでいる国とか，地域とかというのが紹介されたりしますけれど，それらの国や地域は日本や，アメリカのような大国じゃなくて，やっぱり背景に様々な事情がそれなりにあるようなところが多いですよね。

樋田：多いですね。

酒井：それこそロシアの脅威を感じているエストニアだとか，あるいは法定通貨自体の信用性が低い国だとか。そういう国や地域が仮想通貨に積極的に取り組んでいる印象があります。しかしながら，そのよう

な国や地域が積極的に仮想通貨に取り組んでいるからといって，じゃあ，日本はどうなのかというと，そのような背景を日本は共有していないし，国の経済規模が圧倒的に異なっていたりということで，あまり参考にはならないのではないかという印象がありました。ただ，今の話としては，アメリカが積極的に仮想通貨に乗り込んでくるということになると，相当風景は変わってくる。

樋田：そうですね，相当変わってくると思います。

酒井：国や私たち国民の見方も変わるでしょうし。

樋田：変わってきますね。今日本はコインチェック事件を受けて，かなり規制を厳しくして，現状審査も新しい登録も進んでいない状態ですが，近い将来その厳しい規制も徐々に緩和されていく形になるのかなと思っております。日本で実際に緩和されるのはかなり後になる可能性もあるので，その間に中国やアメリカに大きく先を越されるのではないかというのは，すごい危惧しています。

　海外の状況からして，また日本が後追いになってしまうのではないかという懸念は，この業界の先頭を走っている人たちはみんな痛感していますね。

酒井：そうでしょうね。

樋田：今日本では仮想通貨の交換業しかないので，ICO（Initial Coin Offering）とか，いろんな仮想通貨を用いたサービスが全然展開できない状態なのです。海外からどんどんサービスがリリースされ，改善されていて，また日本は後追いになるのかと。日本でできなければ，海外でやるという人たちも相当数いらっしゃいます。

酒井：みんな出ていってしまうわけですね。投資家ではなくて取引業者が海外に行ってしまうと。

　投資家が日本の居住者でなくなり日本から出国しても，いわゆる出国税とも呼ばれる現行所得税法60条の2《国外転出をする場合の譲渡所得等の特例》の規定の適用はないと思われます。この点で，課税上の問題が惹起され得ることについては，拙稿[*1]において示したことがありますが，そうではなくて取引業者の方ですね。取引業者が海外に出ていってしまうという話はよく聞きますね。

樋田：日本国内での事業化を諦めて，シンガポールなどへ行って事業を始める人は多いですね。

3 法的インフラの在り方・行政における思考転換の必要性

酒井：そうすると，業界としては，日本の法的なインフラの整備が遅れていると。あるいは，それが理由で人々がなかなかICOを代表とするように，少なくとも，きちんとやっている業者や取引に対しても偏見的な見方とか，いろんなディストーションがあると思っているプレイヤーが少なからずいるわけですよね。

　それがある限り，やはり必要な一定程度の規制も含めて法的インフラの整備が整わないと人々の信用度もなかなか高まらない。あるいは，信用ならないものだから，まだまだ，租税法も含めて，法的な整備に着手するのは早計で，しばらくは世界情勢なども含めて様子見の必要があるから，少なくともあとで責任を負わされないように厳しく厳しく規制だけをしておくべきと考えるのかという，卵が先か，ニワトリが先かみたいなものです。しかし，やはり，経済は動いているので，信用を高められるよう法制度の設計に早急に乗り出すべきということ

[*1]　酒井克彦「仮想通貨と所得税」税理61巻11号14頁。

でしょうかね。

　事業者サイドからは，信用確保が喫緊の課題であり，それが仮想通貨取引の発展につながるという側面，投資家や利用者サイドからは，安心した投資環境の整備が求められるという側面。この双方の側面から法的インフラの整備は，喫緊の課題ですね。

樋田：喫緊の課題ですし，そこは本当に早く取り組まなければならないと考えております。

　いろんなところで私は申し上げているんですけれど，今回の仮想通貨とブロックチェーンというのは，インターネットと同じようにコミュニティがあって，そのコミュニティというのはユーザーコミュニティにしても，技術者のコミュニティにしても，そういうところがベースとなっています。今金融庁にも新しい自主規制団体も含めて，そのコミュニティの一員であるというところを認識していただきたいと思っているんです。そのようにやらなきゃいけないと思っているんですけれども，それが全然理解されていないところがあって，これまでの既存の金融行政のやり方になってしまっているのが気がかりでなりません。

酒井：やり方が変わっていないと。

樋田：これまでの金融機関等への対処方法と同じになっているので，それは違うのではないかと考えています。その辺をうまくやっているのが，シンガポールのMAS（シンガポール金融管理局）です。1つの例で言うと，Ethereum Foundation（イーサリアム財団）と一緒にプロジェクトを組んで行うみたいな話が結構進んでいると聞いたりしています。そういう形でコミュニティと関わってどんどんコミュニケーションを取って一緒に作っていく必要があると思っております。

酒井克彦教授

酒井：行政がですか。

樋田：はい。行政機関も含めて全員一丸となってやっていけば，良い方向が出てくると思ってます。

酒井：仮想通貨，ブロックチェーンの世界においては，「コミュニティ」がメルクマールですよね。

樋田：はい，そうです。

酒井：他方で，そこに共通の言語を持っていないから，行政自体ともコミュニケーションを取れないという。

樋田：それもあるかもしれません。これまでのお金というのは，やはり要は，国単位でコントロールできたんですけど，今はグローバル経済なのでいろいろできますが，特に仮想通貨はインターネット上のお金という形なので，国のコントロールと関係なく動いてしまいます。ですので，コミュニティとのコミュニケーションを取らないと，なかなかうまく動けないのです。

日本は仮想通貨の法律を作って，非常に世界から称賛されたわけです。しかし，尊敬の眼差しが注がれていたのは，平成29年（2017年）の末ぐらいまででした。コインチェック事件が起きて，これだけ規制を厳しくしたということもあって，仮想通貨交換業の登録に非常に高いハードルがあることに気付いた海外の人たちは，日本から違うところに行ってしまうというような現状があるんです。法律はなかなかスピーディに変えることはできないので，その下のレベルで言うと，事務ガイドラインや自主規制とかで対応していかなければならないと思うのですが，なかなかそこもすばやくうまく動いていないという現状があります。

酒井：中央集権的に行われてきた経済が，いわば分散化していく。おそらく，ある意味，インターネットのWWWやWikipediaなども同じでしょうし，ギグエコノミーやシェアリングエコノミーも同じ文脈で捉えることができるのではないかと思いますが，行政自体が取組み方を変える必要があるのでしょうね。古典的な支配と被支配といった，行政法的にいうと「国家と国民との関係性にみる権力関係」がこれまでの中心的行政手法だったわけですから。

樋田：そうですね。

酒井：現状の行政手法では分散型社会に対応しきれないと。コミュニティとの対話ができないと。だから旧来型の行政スタイルを維持しながら，この仮想通貨，ブロックチェーンをハンドリングしていくのはいろいろと困難にぶち当たる。というより，そのハンドリングという発想自体がそもそも違うのかもしれません。

樋田：そうだと思います。

酒井：それをどれほどの人が気付いているのか。一生懸命に協会の方がサジェストしていると思うんですけれど，なかなか行政は，旧態依然として変わらないというところがあるのでしょうか。マートンが指摘した官僚主義というものがありますので。そうすると，早ければならないという必然性はないとしても，どうしたって規制行政型の行政運営は遅れますよね。いかにスタートダッシュが早かったとしても。

4 租税法上の問題点
1 雑所得という所得区分

酒井：さて議論すべき問題はいろいろとありますが，その課題の1つが税制だと思うんですよね。これは勉強会[*2]の時にもそういう話はありましたが。
　利用者や業界の方から日本ブロックチェーン協会に税制に関する意見や問い合わせはありますか。

樋田：はい，問い合わせはたくさん来ますね。

酒井：いろいろあるかもしれませんが，どのような意見や問い合わせが多いですか。

樋田：多いのは，やっぱり税率のことだと思いますね。仮想通貨は，今，法律上は決済手段として位置付けられていますが，金融商品としての側面も持っています。実際は，99％と言っていいぐらいに近い人たちが，投機的な目的で買っていて，その差益によってもうけようという人たちがほとんどです。

[*2] ここにいう「勉強会」とは，仮想通貨取引を巡る課税上の取扱いに関する制度創設，見直し等を提案するために研究者，租税専門家，事業者，行政官が集まって行った「暗号通貨に関する研究会」を指している。具体的な提案については，酒井克彦「仮想通貨取引に係る課税上の課題と改正提案」税理61巻11号47頁（2018年）参照。

彼らにとっては，金融商品と同じなので，株やFXと同じようになぜ分離課税にならないのかという疑問があって，雑所得という形で課税され，最高税率が55％になっているということを問題視していますね。

あと問い合わせで多くあったのが，確定申告ですね。初めての確定申告にすごく怖がるというか，1円単位でも間違っていると捕まるんじゃないかぐらいの勢いで聞かれたことがありました。特に国税庁から仮想通貨に関する所得税の計算方法が発表された後に多く聞かれました。

酒井：平成29年（2017年）12月1日に国税庁が個人課税課情報第4号「仮想通貨に関する所得の計算方法等について」というのを出していますが，それに即した理解を前提にした意見ですね。

樋田：はい，そうですね。これまで確定申告をしなかった人たちがしなきゃいけないということで，不安に思われたのでしょう。日本人の気質かもしれないですけれど非常に細かく聞かれました。「移動平均法じゃなきゃ駄目なんですか」みたいなものも含めて，すごい驚いたところではありますね。

酒井：そのような状況だったんですね。

ところで，日本の税制が仮想通貨を「支払決済手段」だとしているという点ですが，それはある意味正しくて，ある意味若干の誤解もあるんですね。それは何かというと，消費税法の適用の領域では国税庁は支払決済手段だと位置付けたんですね。ところが，そのことをもって同じように所得税法とか，法人税法においても，仮想通貨を支払決済手段として捉えるべきかどうかについては，議論があり得ます。

ちなみに，国税庁が所得税法の適用において仮想通貨を支払決済手

段と考えているかどうかは、まだ明らかになっていないですね。個人課税課情報第4号というのは、ほんの数個、9つぐらいのクエスチョンに対するアンサーがあるだけで、全体像も分からなければ、考え方や思考方法も示されていません*3。

分かりやすく言えば、仮想通貨のいわゆる差益部分については、仮想通貨を邦貨に換算しなくても、仮想通貨から仮想通貨に移動させるだけ、あるいは、商品を買ったり、役務の提供の支払に充てただけでも、その利益が実現したものとして、課税対象となるということが示されていますけれど、その理由も明確にはなっていないのですね。

これについては、譲渡所得になるんじゃないかという意見もあって、こればっかりは議論を重ねないと結論が出ないかもしれません。実際にキャピタルゲインとして扱っている国はアメリカをはじめとして少なくない。日本の税制では、キャピタルゲインというものに譲渡の段階で課税する、すなわち譲渡所得という税制を採っているのですが、当局は仮想通貨から得られる所得をキャピタルゲインとしては考えていないようです。

国税庁が雑所得と言っている理由はいくつか考えられますが、その1つは、ある意味、仮想通貨とは金銭的なものだろうと。樋田さんがおっしゃるように、所得税法においても、支払決済手段として捉えているのかもしれません。すなわち、法定通貨ではありませんが、ある意味金銭と似た性質を有していると。例えば、貸付金のような金銭債権というのは、資産自体が膨らむという発想を持っていないと理解されています。もともと、10日前に貸した100万円も、10日後には100万円しか請求できない。100万円が膨らむようにみえるとしても、それは実は利息部分であって元物が増えるわけじゃない。

法律的に見ると、資産自体の価値が増殖することをキャピタルゲイ

---

*3 その後、国税庁から発出される情報は若干増えたものの、依然として考え方は必ずしも明らかにされていない。

ンというのですが，仮想通貨が支払決済手段として捉えられるとすれば，もはや仮想通貨はキャピタルゲインを生じさせる資産として捉えることはできないわけです。それが，資産であるとしても，通常のキャピタルゲイン，すなわち譲渡所得を生じさせる資産としては捉えない。そうであるとすれば，譲渡所得は発生しないことになるわけです。株式を頻繁に営利目的で継続的に売買している場合には，事業所得になり，あるいはその規模が小さいと雑所得になるという意味で，雑所得と捉えているのではなく，むしろ，キャピタルゲインを生じない資産の譲渡なので，そもそも，譲渡所得に該当しないという理論構成です。このように国税庁は考えているのではないかと思うわけですね。仮想通貨の多様性を無視することが許されるとするならば，この考え方は一定の支持を得る説得力を有しているとは思います。外貨も値上り益が発生することがありますが，そこにキャピタルゲインを見出さないのと発想は似ています。

　ただ，そうであるとすると，仮想通貨を営利性を持って，頻繁に継続的に取引をしている人だったらどうでしょうか。先ほどほとんどの人は投機目的だとおっしゃいましたが，例えばそういう人達ですよね。日々のボラティビティを念頭に投機するとすれば，むしろ事業所得になる人が多いんじゃないかというような気もするんです。

　ただ，国税庁の情報には代表的なことしか書いてありませんから，雑所得というだけで。おっしゃるとおり，一般のサラリーマンの人たちは，確定申告には全く慣れていないですから，税務署が言うことは全てそうだというふうに考えてしまう。

樋田：そう，そうなんです。

酒井：雑所得で申告しなきゃいけないと思っている人が多いかもしれません。混乱させようと思ってお話しているわけではないのですが，専

担で投資活動されている方の中には，事業所得になる人もいるのではないかと思うんですよね。それが不動産貸付行為に付随している場合には不動産所得にもなり得ると思います。

　当局としては，雑所得とアナウンスしておけば保守的で安全です。これは批判しているわけではありません。どうしても，通達も含めてですが，行政情報というのは代表的なものを示すほかないという宿命を帯びているわけです。一番，保守的な情報なのです。

樋田：ひとまずは，そのとおりで問題ないということなのでしょうね。

酒井：多くのケースでは，雑所得で申告しておけば間違いはなさそうです。社会一般における税に関するリテラシーの低さというのはしょうがないんですよね。当局との間に相当隔たりというか，差異がありそうな気がしますが。

　だからこそ，樋田さんなどとしては，それが理由で市場が冷え込むという恐れも感じられるわけですかね。

樋田：そうですね。それは感じますね。

2　総合課税

酒井：あと，総合課税の話がありましたね。おっしゃるとおり，億とか儲かれば，最高税率55％になるわけです。他方，それとは別に，FXだとか，あるいは金地金とか，そういったいろいろな租税特別措置法で手当てしている別枠の課税があるわけですよね。そういったFXだとかは20％で申告分離課税です。国税と地方税を合わせてですけれど，他の金融商品は，20％の申告分離課税で終了するのに対して，なぜ同じような金融系の，それも投資系の所得である仮想通貨が最高税率なんだというのが疑問に思われるのでしょう。

　税制では，よく中立でなければならないという言い方をしているのですが，商品ごとの課税庁の扱いが異なるというのはおかしいだろうと。租税法の教科書などでは，バターに税金がかかって，マーガリンに税金がかからないのはおかしいと。こういう言い方をするんですよ。ある特定の業者だけ不利益に扱っているということになりはしないかということですね。

　ただ，他方で，これはやっぱり政府がこの仮想通貨に対してどういう態度で見ているかという点に大きく影響を受けるんですね。要するに，仮想通貨取引は，国家として後押しをしてもいいものかどうかということです。そういう方針があって初めて，税制上の適格仮想通貨，非適格仮想通貨みたいにして，適格性のものは分離課税として低額の課税でいくというふうになるんでしょう。それに対するスピード感が遅すぎるというのはわれわれの勉強会でも共有していましたよね。

樋田：そうですね。

酒井：雑所得で総合課税というのが一番の関心事項ですよね。また，損失の繰入れも，繰越しも制約を受ける。

樋田：はい。繰越しもできないというデメリットは大きいと思います。

酒井：そうした取扱いの多くは雑所得に由来するわけです。

樋田：そうですね。

酒井：だから株にしようか，仮想通貨にしようかという，そういうポートフォリオをしている人が多いのかもしれませんけれど，すると中立性の問題がまたまた惹起してくる。

樋田：今のところそんなにいないかもしれないですけどね。

酒井：そうですか，一点買いですか，仮想通貨に投資する人は。

樋田：一点の人が多いと思いますけれどね。仮想通貨の難しいところは，支払決済手段と，やはり金融資産としての二面性があるという点ではないでしょうか。

酒井：おっしゃるとおりです。

3　マイクロトランザクション

樋田：仮想通貨を商品の購入時に支払決済手段として使うというところにつき，判断をどうやってすればいいのかというのは，それって色が着けられないのでできないというところがあって，そこは悩ましいので最大公約数で取ってみようかなというところはありますね。

酒井：デイリーや日常品ですね。牛乳やティッシュペーパーを買うとか，そういったものに使える。お店によって対応は異なるでしょうけど，よくいわれるビッグカメラとか，エイチ・アイ・エスだとか，そういう取扱業者というのは，今どんな感じなんですかね。

樋田：たぶん5,000件ぐらいあるんじゃないかと思っていて。

酒井：5,000社という意味ですか。

樋田：5,000社というか，5,000店というか，使えるところがオンラインも含めてそのぐらいになっていて，それはコインチェック社が出した資料によるもので，２年ほど前の話だったと思います。本当はもっと進む予定でした。ビットフライヤー（bitflyer）も今，決済を頑張っています。コインチェック社では事件を起こす前に，リクルートのAirレジという決済サービスに仮想通貨決済を入れるという話がありました。Airレジを利用されている方々が何十万件という話だと思います。それは店のほうで決済選択できるという形だと思うんですけれど，それに組み込まれれば，何十万件と増えるという話でしたが，たぶんそれも止まっていると思います。

　決済できる場所が少ない以上，そちらのほうで使う人が減っているというのは確かだと思います。ただほとんどの人が，その99％ぐらいは投機目的なので。たぶんほとんど取引所に置きっ放しになっているのではないでしょうか。99％の中でも，トレードしている人って５％もいないように感じています。

酒井：日用品購入の際の瑣末な雑所得の把握というのは現実的ではありませんが，これは実際のところ，現状でいえば外貨も同様なのですね。海外旅行で余った外貨を法貨に換金したときに，その差額は金額によっては確定申告しなければならないのですが，これを申告する人が果たしてどの程度いるのか。そのような意味では，租税行政が把握できる部分や確定申告において自主的に申告するマイクロトランザクションに係る実現利益課税の実態はあまり分かりませんし，現状ではそれほどこだわる必要はないのかもしれませんね。

ただ，取得価額不明取引をどのように手当てするかは立法的措置が必要であるように思いますね。

□ 最後に

酒井：これまでのお話をお聞きすると，今後の仮想通貨の展開は，やはり税制の在り方を含めて，政府の考え方や方針といったもの次第ということが言えそうですね。

　ところで，国連（United Nations）でもずいぶんブロックチェーンの研究が進んでいるようですね。先日参加させていただいた国連でのブロックチェーン活用には興味がわきました。

　国連で，60いくつかある機関のうち，約半分の機関がブロックチェーンを研究しているんですよね。

樋田：そうですね，はい。

酒井：ブロックチェーンの未来ってすごいと思うんです。今日は仮想通貨のお話がメインでしたが，これからはブロックチェーンではないかという論者は多いですよね。

樋田：実は仮想通貨自体よりブロックチェーンのほうが市場は大きいと思っていて，仮想通貨はブロックチェーン産業の中の1つ，確かに重要なファクターの1つなんですけれど。ブロックチェーンを使ってのビジネスのほうが段然広範囲だとは思いますね。

酒井：例えば，難民（refugee）の人，国を追われた人たち，家族がない，名前がない，ノーバンクの人とか，そうした人たちに寄附する方法として活用され得るわけですよね。

樋田：そうです。生体認証（指紋や虹彩など）とブロックチェーンを用いてIDを与えるプロジェクトが進んでおります。

酒井：そうすると，対象は11億人にもなると。

樋田：それらの人に，ブロックチェーンや，IDとなる証明書と口座といったものを与えて，社会生活に参加していただくのです。

UNICEFとかUNHCRで寄附をしたときに，実際に末端の子供たちまでどうやって届けるかという問題がありますが，ブロックチェーンを活用すればその解決が見えてくる。

現在は，寄附をしても，子供たちに届くまでいくつもの金融機関を介していることから中間搾取されてしまいますが，それを，ブロックチェーンのこういうトークンを使ってやりましょうというわけです。その子供がウォレットを持っていたら，そこにダイレクトに送ります。届きました，使いました，というのがブロックチェーンで分かるんです。世界中どこでも分かります。

酒井：これは，もちろんその記録が残っているからエビデンスを取れますよね。

そうすると，仕組みを考えるのに知恵が必要とはなりますが，我が国の税制でいえば寄附金控除を適用する建付けを考えることができるかもしれない。

樋田：そうですね。そういった意味では，これはもう現場の声からリクエストを受けて作りますという話なんですよね。こうしたことをやるために国連で，そのプロジェクトに対しても大きなファンドを作ろうとしているのですが，今それの日本のフロントをJBAでやりましょうか，という話はしていますね。

酒井：すごい社会貢献になりますね。

樋田：そういう面でJBAが貢献できることを嬉しく思っております。

酒井：アメリカの市場調査会社の2016年の調査によると，今や携帯を持っている人って，全世界で約43億人ぐらいいるんですね。私は，毎年，東南アジアの開発途上の地域に行きますが，傘を買うお金はなくても，携帯はもっているんですね。多くの人が。

樋田：そうですね。だから，難民や移民の人たちも持っている方が多いはずなんです。

酒井：持っているんですよね。

樋田：例えば安いAndroid携帯などもありますので，たぶんここにIDとウォレットを紐付けることはアプリを利用すれば簡単じゃないかと思います。そしたら，それでもう銀行口座も要らないじゃないですか。そうすれば，出し入れもできますし，貸し借りもできる。もちろん税金も払える。
　そうすると，この地域自体にお金を払うというか，税金を払うということになると，公共整備ができますよね。

酒井：できますね。

樋田：治安の安定とかにもつながるわけですよね。そういった意味で，その地域が自立していくために活用できるということなんです。それはすごい大きいと思います。1ドル以下とかでも扱えることになってくると，相当価値観が変わってきて，1日1ドル以下で暮らしている

人たちが，既存の経済に乗っていくことの影響は相当大きいものと考えています。

酒井：そうでしょうね。ボリュームありますからね。

樋田：そうなんです。ボリュームはすごいいっぱいあるので。その人たちが乗ってくると，世界の経済が結構動いてくると思うんです。そういった意味では，本来使えなかったものが使えるようになってくるというのが非常に大きいと思いますね。

酒井：すごい話ですよね。これまでの，仮想通貨とかICOと言うと，語弊があるかもしれませんが，いわゆる金儲けだとかそういう話題だったところから，全く真逆の世界的規模での社会貢献の話ですよね。これは業界的にもとても意義がありますね。

　今後も議論を続けていきましょう。ありがとうございました。

樋田：ありがとうございました。

仮想通貨の実務最前線
～国税庁FAQを踏まえて～

対談者：酒井克彦（アコード租税総合研究所所長・中央大学教授）
　　　　柳澤賢仁（税理士・柳澤国際税務会計事務所代表）
対談日：平成30年10月17日（水）

1 仮想通貨の申告実務

酒井：本日は，仮想通貨まわりの実務上の話を交えた対談をしたいと思い，柳澤賢仁先生にお越しいただきました。実際，仮想通貨に関わるお仕事をされる中で，思うようにはなっていない部分が多々あるでしょうから，そういったところをご意見ください。ちょうど，国税庁から追加のFAQが出されたタイミングでもあります。これは平成29年（2017年）12月の情報に追加的に情報が追加されたものであり，解釈の方針変更を見て取ることはできないように思いますが，まずはこの新しい情報についての感想はいかがですか。

柳澤：そうですね。譲渡所得として認めない姿勢に変わりはないようですね。ただ，国外財産調書への記載不要という点が，言われてみればそうなのですが，気付かされた点でした。

酒井：柳澤先生は，専門家として仮想通貨の確定申告をお手伝いされたりすることがあると思いますが，申告の実際はどうなのでしょうか。

柳澤：うちは事務所で仕事としてやっていますが，私がWEBで記事などを書いて問い合わせが来るのを待つというようなスタイルです。仮

想通貨に関して言うと，平成29年（2017年）はすごく盛り上がりましたので，WEBのほかにも，私のセミナーを受けた方がその後お客さんとして来るなど，いろいろな方がいらっしゃいました。

　その中には，とんでもなく含み益を持っている人もいましたね。その人は，要は節税をしたいという相談でした。含み益ですので利確はしていません。私は国際税務が専門なので，そういう人には海外に移住したらどうかという提案などをします。今はいわゆる出国税の対象は有価証券に限定されていますから，有価証券の括りに入らない仮想通貨の含み益はその対象にならないわけです。そこで，仮想通貨のキャピタルゲイン課税がない国に移住して，そっちで利確すれば無税でいけるのではないかと。そうした提案には，もともと家族で海外住まいをしてみたいというような人しか乗ってこないですけどね。それとは別に，去年トレードで儲かったという方々もいらっしゃいます。

　先日，セミナーで受けた質問で面白いなと思ったのは，ビットコイナーの方ですが，ビットコインをひたすらガチホしているというんです。

酒井：「ガチホ」というのは？

柳澤：これは「ガチでホールド」しているということですが，要するにまだ1回も売っていないということです。

　投資用語や仮想通貨用語で「ガチホ」とか「HODL（ホドル）」というんですけれど，ガチホして売っていませんというのです。

酒井：保有しているだけだと。

柳澤：それこそ平成25年（2013年）とかその頃から，安いときに買って持っている人がいるんですけれど，含み益が半端なく出ることになり

ますよね。

　そのような状況の方から，海外のICO（Initial Coin Offering）の案件があって，ビットコインじゃないと買えないので，ビットコインをICO用に買って，ICOでトークンを買いました。そういうお話を聞いたんですね。別にそれもいいんじゃないかと思ったんですけれども，その方から「移動平均法なんですよね」と言われて，確かにそうだと思ったんです。要するに，このような場合，過去のガチホ分とくっついちゃうわけです。それで利確ということになると，結構課税が生じることになるはずなんですよね。

酒井：読者は専門家の人ばかりだと思いますが，一応説明しますと，移動平均法だから，前の取得原価まで引っ張られてくることで，取得価格が下がってしまう。そういう意味ですか。

柳澤：そうです。例えば，100万円分のトークンを買ったとすると，その100万円の原資の取得価格が下がりますから，その分利確したことになってしまう。しかし，それはおそらく，もともとのその人の狙いとは全然かけ離れているわけです。その人は，あくまでもICOに参加するためにやむを得ず100万円で買っただけであって，すぐ100万円で交換したいにもかかわらず，そこに課税が生じてしまうことになるわけです。「そういう場合はどうしたらいいですか」と質問されたのですが，「現行法だとやっぱり申告せざるを得ない」とお答えしました。

酒井：なるほど。国税庁は個人課税課情報第4号において移動平均法によるべき旨を示しています。ここで少し理論的な話をさせていただくと，そもそもビットコインなどの仮想通貨は有価証券として扱われていませんが，性質的には有価証券が比較的近いとは言えるかもしれま

せん。有価証券については，それが頻繁に売買されるような事業として行われている場合には事業所得ですよね。その規模が小さければ雑所得ということになります。単発的な取引の場合は，譲渡所得ということになるわけです。ところで，譲渡所得と雑所得の場合は，これまで有価証券の取扱いというのは原則，総平均法なんですよね。

　なぜかというと，所得税法がターゲットにしている人は，言ってみれば商売をやっている人とは限らないので，継続的な記帳がないだろうと考えられるわけです。継続的記帳がないと移動平均法が採用できないので，総平均法で取り扱ってきているんですね。所得税法48条《有価証券の譲渡原価等の計算及びその評価の方法》3項と同条の委任を受けた同法施行令118条《譲渡所得の基因となる有価証券の取得費等》1項にそう書いてあるんです。

　現実として，そういう取扱いをしている一方で，事業として有価証券の売買をしている人はどうするかというと，今度は所得税法48条1項により，いくつかの方法を選択できるとなっているんですね。事業としている場合に限って移動平均法という言葉が出てくるのです（所令105①二）。

　しかし，国税庁の個人課税課情報第4号によりますと，仮想通貨は基本的には雑所得だと言っているにもかかわらず，移動平均法でやるとされています。

柳澤：あれは何故なのでしょうか。

酒井：その辺が説明しづらいですよね。どうして移動平均法なんでしょう。正確に言うと，「総平均法」というのも正しくなくて，都度総平均法とか呼んでいるんですけれど，その時の段階での総平均法で計算する。変な話ですけれど，普通だったら個人は1月から12月ですよね。1月の頭にあったものから，12月の末まであったものを全部総数で割

れば総平均法ですが，そんなことはせずに売った時までとする。1月1日から売った時までの総平均で計算しなさいというのが，雑所得や譲渡所得の計算のやり方なんですよね。いずれにせよ，そうであるにもかかわらず，仮想通貨では移動平均法によることとされているわけです。

2 仮想通貨の資産性

柳澤：おそらく，評価の方法はいろんな条項に入っていると思いますけれど，結局，仮想通貨って有価証券ではないということは明らかなので。そうすると，おそらく在庫に…

酒井：該当しますね。

柳澤：ということで，棚卸資産から雑所得が出てくることってあるんですか。

酒井：棚卸資産とはいわずに，準棚卸資産といいますけれどそうなり得ます。

柳澤：それの評価方法が移動平均法になっているということではないですかね。

酒井：それはありますね。棚卸資産，準棚卸資産と見ているということですね。

柳澤：結局，仮想通貨ってデジタル・アセットとも考えられるので，私個人としては本当は資産だと思っていまして。だから私も法人で仮想通貨を買って，帳簿に記載するときにやっぱり流動資産で。

酒井克彦教授

酒井：資産であることは間違いないでしょうね。

柳澤：「仮想通貨」という勘定を作ってやっているんですけれど，そういうので言ったら，例えばICOも結局，いわゆるトークンセールといわれるので売るんですね。

酒井：トークンを売るわけですよね，ICOの側としては。

柳澤：はい。トークンって会計理論的には何なのといったら，やっぱり在庫と言う人が多いですよね。

酒井：だから資産ですよね。

柳澤：資産。なので，消費税の問題になっちゃうんです。だから準棚卸資産に近いと当局は考えて移動平均法にしたのかなと思っていたんですけれど。

酒井：しかし，それは通達，いや「情報」における取扱いなのです。仮に準棚卸資産であるとしても，移動平均法は所得税法が提示する選択

肢の一つにすぎないのであって，納税者が選択しない場合には，最終仕入原価法が法定評価方法になるはずです。そこに不安が残ります。いずれにしても，移動平均法だとすると，前の取得価格を引っ張らなければいけないというところに難点があるわけです。たぶん，総平均法でも同じなんですけれどね。

　そうすると，その都度の単価じゃないというところが問題だということです。

柳澤：また，皆さんBTC（ビットコイン）とか，ETH（イーサリアム）建てでトレードしていますから，そのときのJPYの換算をどうやるのかという問題もどうしてもつきまといます。JPY建てで所得計算するのって難しく，かつ，トレーダーの人なんてもう1日に何十回とかトレードするわけじゃないですか。それを全部移動平均法でやるなんて実務上はかなり非現実的です。

酒井：現実的じゃないですね。ただ，海外物でも1回JPYに持ってこなくちゃいけないという。

　いずれにしても，全部JPYを基準にするという発想自体が非常にやりづらい。実務的には困難だということですね。

柳澤：やりづらいというか，そうですね，日本の確定申告だからどうしてもJPYを使わなきゃいけないけれども，実務的にどこまで正確にできるかということです。となると，便利にしてあげようとビジネスを立ち上げる人たちが出てきますよね。それで，勉強会にいた専門家とかは，仮想通貨の計算ソフトを作ったんですよ。それが非常に面白くて。

　ただ，取引所が沢山あるじゃないですか。例えば，平成29年（2017年）に取引をやっていた人たちというのは，日本の取引所だけじゃな

くて海外も使っています。それを全部ひも付けていくのは非常に難しいですよね。

　ただ，理論的には，そのシステム側が取引所のデータベースの形式に合わせれば全部読み込んで，全部ひも付けすることはできる。送金の履歴も全部取ってくれば，理論的にはできるのですが，取引所ってめちゃくちゃだったじゃないですか。特に，海外の取引所なんかはめちゃくちゃで，3か月分しかデータベースに残っていないとかあります。

酒井：残っていないんですか。

柳澤：そうなんですよ。3か月分しか残っていないとか，途中で1本抜けているとかもあるらしいんですよね。

酒井：ひどいですね。それは日本の取引所じゃないですよね。

柳澤：日本の取引所じゃないと思いますが，データが1本欠けた瞬間に絶対に計算が走りませんよね。

酒井：おっしゃるとおり。

柳澤：だから結局，無理があるのではないですかと僕は言っていたんですよ。

酒井：その1行がノーカウントになっちゃうだけで，影響は大きいですよね。

柳澤：「そこどうするの？」と聞いたら，「推測で」とやっているとこ

ろもあるようです。

酒井：分かりますけれどね。どっちにしたって近似値しか出せない。申告できないから，何か推計しなきゃいけないんだろうけれども。

柳澤：そうなんです。BTC建てで全部捕捉はできると思うんですよ。だけど，その円転はどうやるのかという話です。瞬間，瞬間のレートを使うのか，その日の終値を使うのか。といっても，終値がないんですよ。そもそも24時間動き続けるのが仮想通貨の相場だから。ですから，どのタイミングの，どこの取引所のレートを使うのかというのが問題となるんです。

　でも，そこはたぶん，税務上というか，実務上ある一定の合理的な基準で拾ってくれば問題はないのかなとは思うんですけれど。

酒井：そうですね。申告しないという選択肢はないので，少しでも実額に近いところでやることになるのでしょう。言ってみれば，帳簿のない納税者だって申告しなければならないときは，実額近似値で行っていたわけで，それと同じところはあるでしょうね。

柳澤：そういう意味でいうと，たぶんCoinMarketCapという有名なサイトが，かなりの数の取引所のレートを引っ張ってきて，BTC/JPYのレートのチャートを作っています。そこから拾ってくれば，一応問題ないのかなと思っています。デイリーの数字をどこで切っているのか分かりませんけれども。

酒井：なるほど。そうすると，BTCとJPYのリンクみたいなものが。

柳澤：そうですね。CoinMarketCapは海外のサイトなので，おそらく

BTC/USD ですね。

酒井：すると，またそこで USD を JPY に換えるという作業が必要なんですね。

柳澤：ええ。そういう全体像が分かってくると，正直もうやりたくないなと思いますね，やっぱり，われわれ実務家からすると。

3 仮想通貨の所得区分

酒井：ただ，どうなんですか。今，取引量が相当ある人の話がありましたけれど，そもそも取引量が相当ある人の確定申告も雑所得としてやっていらっしゃるんですか。

柳澤：平成29年（2017年）12月1日の国税庁の情報でも，原則雑所得と書いてあったと思うんですけれど，その後，酒井先生から「譲渡所得もあり得る」と伺って，まさにそのとおりだなと思っていました。別に雑所得にしなきゃいけない理由ってあるのかなと僕も思っています。

酒井：一応の理由は分かるんですよ，推測ですが。というのは，これは消費税に引っ張られているところがあって，これは後でちょっとお話したいと思っているのですが。先に消費税の取扱いが確定しましたよね。非課税にすると。それはどうも仮想通貨を支払決済手段であると位置付けたからですよね。

柳澤：そうですね。

酒井：もちろんクリプトカレンシーなるものは法定通貨ではありませんが，言ってみればこれが支払決済手段だとすれば，極めて通貨的な，

通貨のような性格を持っているといえそうです。基本的にわが国の租税法の通説は通貨からはキャピタルゲインが発生しないと考えるんですよね。譲渡所得というのはキャピタルゲインに対する課税なので，そもそも金銭債権とか，通貨などの支払決済手段からはキャピタルゲインが発生しないだろうと考えるわけです。だから譲渡所得でなければ，事業所得か雑所得しかないと落ち着く。

柳澤：なるほど，事業か雑。

酒井：そうですね。事業か雑。確定申告を目前に控えていたので，たぶん保守的な情報を出さないと，ということだったのかしれませんし，それで，原則雑所得となったんだと思います。ただ，租税法を知っている人からすれば，本来，原則雑所得ということはあり得ないんですね。他の9つの所得のどれにも当てはまらないものを雑所得とする条文の作りですから，原則雑所得というのは，言い方としてはいかがなものかというのはあります。しかし，そのような考え方は，所得税法35条《雑所得》にいう公的年金の規定振りにもありますし，通達でいえば匿名組合の所得区分の取扱いにもありますので，その点については先例のあるところです。もっとも，そこはもしかしたら，ある程度行政目線から予防法的な情報の出し方をしたのではないかという推測がつくのです。そういう意味では，事業所得の余地はあるとは思うんですよね。

柳澤：譲渡所得はないですか？

酒井：仮想通貨全体を支払決済手段であると整理してしまって，それに所得税法も合わせるということになると譲渡所得はちょっと難しい。為替差損益だと譲渡所得に内包されることはあるんですね，本体価格

に組み込まれちゃった場合には。何か機械を買いましたといったら，そこで為替の差益も取得価格に包摂されますので。その機械の売却価額に差益が混入されるという意味です。これはまた別の議論になるかもしれませんが，そういった資産の取得価格に，この仮想通貨損益のようなものが内包されるかどうかという問題もあります。取得価格は，本体価格以外にも手数料だとか，関税とかを乗せて計算しますよね。取得原価主義の下では。そこにかかった手数料的なものとして，仮想通貨にかかった損を乗せることがあるとするならば，場合によっては譲渡所得の中に盛り込まれる余地がないことはないのかなとは思いますけれど。

柳澤：有価証券は譲渡所得になるじゃないですか。

酒井：有価証券からはキャピタルゲインが発生すると考えるんですよね。しかし，現金からは発生しないと考えるわけですね。

柳澤：現金からは発生しないですけれども。

酒井：貸付金などの金銭債権からもキャピタルゲインが発生しないですよね。10年前に貸した100万円が10年後に110万円になっても，それは資産（元物）自体が増えたわけじゃなくて利息が増えたという発想ですから。

柳澤：そうですね。

酒井：今，資産本体の話をしているので，仮想通貨からはキャピタルゲインは発生しないと当局は思っているんじゃないかと思うんですよね。ただですよ，ちょっと先に言っちゃいますと，支払決済手段と位置

付けたその捉え方が，全ての仮想通貨に当てはまるかというと。

柳澤：実際には当てはまらないはずです。

酒井：そうですよね。支払決済手段としての性質を有するものもあるでしょうが，他方で，投機的なものとかがいっぱいありますしね。そういう意味では，全ての仮想通貨を一緒くたにして議論してよいのかという疑問はあり得ます。

柳澤：国税庁が勇み足したと思ったのは，平成29年（2017年）12月1日の情報公開の前に，9月1日だったと思うんですが，タックスアンサーで「ビットコイン」という言葉が出てきたんですね。そこでは，仮想通貨ではなくビットコインと限定してしまっていたんです。それは明らかな勉強不足だったと思います。そういう状況の国税庁や財務省が消費税を非課税にしたのは平成28年（2016年）で，平成29年の7月1日から非課税ですよね。たぶん当時はビットコインしか見えていなかったと思うんです。

酒井：そのとおりだと思います。

柳澤：ビットコインの支払決済手段としての側面は分かります。でも，資金決済法にカテゴリーされているのはビットコインだけではなくて仮想通貨全体ですから。

酒井：もしかしたら，もっと言えば，金融庁が資金決済法とかで仮想通貨を支払決済手段としてしまったことに，そもそもの問題があったのかもしれませんね。
　実際に金融庁は，仮想通貨交換業に関する研究会をやっています。

平成30年（2018年）10月3日に公表された資料には，仮想通貨の利用法の多様化と金融規制の関係というものがあって，わざわざそこには，仮想通貨は支払決済以外にもいろいろ利用されると出ています。物品の購入だったら，なるほど支払決済かもしれないけれど，それ以外にもいろいろあるんですね。例えば，投資だったり，あるいは何かリスクヘッジのために買っているとか，あるいは資金調達手段として持っているんだということがあります。ですから，支払決済手段というふうに位置付けて，実務家目線では消費税はかからないでいいのかもしれませんけれど，ただ，本当はそういう大括りな捉え方でよいのかなという気がしますよね。

支払決済手段という前提が崩れると，譲渡所得ということもあり得るんじゃないかと思われます。

4　"締付け"路線の経緯と現状

酒井：勇み足といえば，これも穿ち過ぎかもしれませんけれども，中国でビットコインが全面禁止となったときに，覇権問題という視点から，世界でこれを牛耳るのはどの国かと話題になりました。そこで，日本の金融庁が急いで手を挙げて，官民巻き込んで，世界に先駆けてまず最初にルール作りをするというのがあったのかもしれません。要するに，覇権を日本が取れると考えたのではないでしょうか。

本当に経済の起爆剤になるという読みはあったんじゃないかと思うんですよね。

柳澤：そうですね。FinTech サミットを経済産業省が平成29年（2017年）と同30年（2018年）に開催していますけれど，FinTech は注目産業だと思っていまして，FinTech の一番最先端がクリプトとかブロックチェーンだと思うんですね。FinTech サミットには，コインチェック（Coincheck）の役員の方が元気よく登壇されていました。私はお

柳澤賢仁税理士

話を聞いていたんですが、コインチェックは金融庁と協議しながら進めていますと。本当にイケてるスタートアップだと思っていました。残念ながらあのような事件が起こってしまったわけですが、その方がその時に言っていたのは、金融庁の人にいろいろと実務の話を教えながら議論を進めています、ということ。だから、金融庁はその時はスタートアップから学ぶ姿勢があったわけですよね。

　だけど、コインチェックが平成30年（2018年）1月にやらかして、もう要はメンツ丸つぶれになっちゃったように思うんですよね。それでもう締付け路線に行っちゃって。

酒井：今、「締付け」という言葉が出ましたけれど、最近はまた変わりそうですが、それでも一時期は新規参入を認めないみたいな形になっていましたよね。これはよくある話かもしれませんが、先端的な経済が起きると、必ずいろんな問題が起きて、それがたぶん消費者行政みたいなものに、直接・間接に跳ね返ってきて、やっぱりこういう危険な取引に勧誘されちゃって被害を受けたみたいな話が、まだこれからどんどん起こるんでしょうね。

柳澤：実際、本当に詐欺も多いです。うちにくる問い合わせの中にも詐

欺被害者が本当にいます。結構多いです。完全なSCAMに送金してしまってとか…。つい先日も，電話での相談があったのですが，それはたぶん詐欺ですよと言ったんです。9月にビットコインを送金すると翌月に10倍になって返ってくるというようなお話です。「マイニングなんです」と言うんですよ。「いま，マイニングはそんなもうからないですよ」と言いましたけれど。

　でも，こういう言葉を使うのはどうかと思いますが，情報弱者の方はやっぱり世の中にいて，買ってしまうんですよね。すごくうまいもうけ話に乗ってしまって。そういうのは絶対に取り締まるべきだと思うんですけれど。

酒井：そうでしょうね。少なくとも，そういう新しい問題なので，全くリテラシーが追い付いていないからこそ，付け込まれてしまう人もたくさんいるでしょうしね。

柳澤：そうですね。その中でやっぱりビットフライヤーとか，コインチェックとかは，いわばこの業界をきれいにしていこうとするリーダーだったわけですよね。だけど，残念ながらやらかしてしまったので，止まったなと。

　あと，やっぱり究極的な問題としては，1件目に金融庁の警告を受けたブロックチェーンラボというのはマカオにあるんですが，彼らが何年か前に日本で，代理店方式でADAコインを大量に売ったんですね。で，情報弱者がADAを買ったと言われているんです。これが，平成29年（2017年）のピーク時にとんでもなく値上がりしましたから，詐欺であったか否かは別として，金融庁から警告を受けるようなICOだったのが，結果として…。

酒井：思わぬ結果になったと。

柳澤：結果としてものすごい値上がりをして被害者が出なかった。

酒井：それだけ不安定な状況の中ですからね。

柳澤：イノベーションはそうしたカオスから生まれるものだと思います。個人的にはイノベーションが好きなので，それが起きるカオスな現場は面白く見ていたのですが，その中で金融庁もやらかしたなと思ったのが，2件目の警告案件が仮想通貨取引所のバイナンス（BINANCE）だったことですね。バイナンスほど，この直近で全世界であれだけ収益性の高いビジネスの立ち上げに成功したベンチャーはいないはずなので，それこそGoogleとか，Facebook以上のスピードでとんでもない利益を出しましたから。そのバイナンスに警告を打ったというのは，本当に産業育成のセンスがないなとがっかりしました。金融庁だからしょうがないんですけれど。バイナンス側のレスポンスが遅かったからやむを得ず警告を出したという話も耳にしましたが，実際のところはよく分かりません。

　そもそも，究極的には，ビットコインとか仮想通貨は国家との戦いという側面があると思います。やっぱりビットコインのサトシ・ナカモトが正体不明というのは，かなりイケてるスキームだと思うんですよね。

5　インフラ整備の必要性と「仮想通貨取引所」の役割

酒井：そうでしょうね。さっきの話にちょっと戻るんですが，要するに，取得価格をどうするかがもう大変だと。だからこそ私たちの研究会（税理2018年9月号53頁参照）でやった提案は意味があるわけですよね。取得価格が分からないときは5％基準を使ったらどうかというものですが。

柳澤：そうですね。それと，個人的には，仮想通貨同士の交換については，支払決済手段同士を替えただけと考えれば，まだ支払に使われていないのだから，課税を繰り延べてほしいです。実際に支払決済に使ったときにまとめて課税でもいいじゃないかと思います。あと，やっぱり課税については取引所がやってくれるのが一番いいですよね，本当は。

酒井：そうすると取引所が新しくこの資格を取るためには，そういった仕事もやれますよというところまでオブリゲーションすると。有価証券はまさにそうですよね。

柳澤：世の中にはいろんな人がいて，私みたいな実務家だといろんな人を相手していますけれど，少し厳しい言い方ですが，本当に何にも分かっていない人っているので，限界があるんですよね，実務的に。だから，やっぱり取引所がやるというのが，一番シンプルだし，課税の公平性も保ちやすいと思います。

酒井：安全ですしね。

柳澤：安全だし，正確に計算できる。だから，オンライン証券って本当にすごいと思います。絶対ずれませんからね。

酒井：そういったインフラがないと，言ってみれば，この業界全体が損するわけですから。

柳澤：そうですね。そして，日本から出て行っちゃいますね，お金が。

酒井：先ほどの話に戻ると，私も論文に書いたことがあるのですが，仮

想通貨は出国税の対象になっていないから，どんどん海外に持って行っちゃうみたいな話はありますよね。

柳澤：実際，持って行っている日本人は多いと思いますよ。日本は原則国籍課税ではないので，非居住者になって，日本の課税のフレームワークから変えに行く。

酒井：どこに行くんですか。

柳澤：それは…。あまり言いたくないですが，私の中ではシンガポールに行くといいと思います。

酒井：ああ，やっぱりそうですか。

柳澤：また，マレーシアに行っている人たちもいます。マレーシアの税制は，私は現地の専門家ではないですけれど，現地の専門家からヒアリングすると，あそこは面白くて，原則キャピタルゲイン非課税なんですね。課税するものを限定列挙していて，不動産とかが課税されるんです。たぶん，ある一定の要件を満たした不動産は課税だと思うんですけれど。要は，日本と逆というか，普通，原則課税で非課税枠を設けると考えるじゃないですか。それが原則非課税で課税枠を設けていて，その課税枠にクリプトが入っていないのでセーフというジャッジなんです。だからマレーシア移住組はそういう理論武装で行っているんですが，私は，過去にマレーシアで結構痛い目に遭っていまして，そんな話あり得ないだろうと思うんですけれど。

　例えば，マレーシア法人に商標権を持たせて，シンガポールの子会社にその商標権を貸して，シンガポールのみでその商標を使えますよという契約を結んでいます。これはどう考えても，どこがオンショア

かといったら，シンガポールでのみ使えるんだから，シンガポールオンショアだから，マレーシアから見たらオフショアでしょう。だからマレーシアってオフショア所得非課税なので，マレーシアで課税は起きないですよねと確認したら，課税だと言うんですよ。だから，結構めちゃくちゃだなと思っていまして。

酒井：それは行政が問題ですよね。

柳澤：そういう意味でいったら，「レギュレーションとかがしっかりしているシンガポールのほうがいいと思います」と言って，個人的にはシンガポールをお勧めしています。
　シンガポールは IRAS という国税庁みたいな機関があって，そのホームページにクリプトの取扱いがいろいろ書いてありますが，私としては納得できるんです。シンガポールには日本の資金決済法のような法律はまだないのですが，税制も含めて，ガイドラインはしっかりと出してくれているので，将来の不確実性を減らせるのがよいと思います。

6　ICO の課税問題

酒井：そうやっていろいろ情報を集めないとなかなか適切な節税アドバイスもできないということですね。ちなみに ICO も何かアドバイスされたりしていますか。
　ICO に絡む税制については，先ほどのトークンの売り渡しということになると，資産の譲渡ということで法人税法上の課税対象になると思いますが。

柳澤：これも先生にお話ししたいことがいっぱいあるのですが，要するに，まず現時点で日本国内で ICO，つまり仮想通貨の販売となると，

仮想通貨の税務をめぐり議論が白熱

資金決済法の交換業登録が必要ですよね。交換業登録は16社しかなくて，申請で150件並んでいると言われています。

　ということは，もう新たな登録って当面できないわけだから，16社の協力が必要だけど，全社今業務改善中だからICOのサポートができないので，実質，日本国内でICOができないという状況にあるわけです。でも去年から準備をしているスタートアップのチームは結構あるんですよ。彼らは結局もう日本じゃ無理だということで，海外に発行体の法人を作って，日本，アメリカはセキュリティ（証券性）の問題が出ちゃうので，日本とアメリカ以外に売ろうとしています。

　そうなると，どこの発行体がいいか，みたいな議論になって，シンガポールとかになるんです。理論的には，日本の会計とかを全部考慮した上でのトークンを作ります。これってたぶん，会計帳簿にどうやって載ってくるかというと，トークンを内製，自社のエンジニアが作ったらおそらく取得価格ゼロの流動資産に載ってくる。その売却時にそれが消えて，現金とか，現金同等物のビットコインとか，イーサリアムとか，即時換金できるものが入ってくるとか，差分って何になるのかというと，絶対に貸方に出てきますと。

　会計的にはその貸方は3種類しかないですよね。収益か，負債か，資本と。このうち，資本はそもそもセキュリティ性があるし，金融商

品取引法とも絡んでくるし，現物出資以外には税法を読む限り実務的にはないなと思っていて，そうすると特にクラウドセールの場合は収益か負債かという話になります。

　収益になると，一発ドカンと課税されてしまうので，だからなるべく負債性を持たせたいという話になっていると。そうであれば前受金になるんじゃないかとか，あとスイスの会計事務所が言っていた引当金計上の可能性とか，結構いろいろとそこら辺も議論があります。

酒井：引当金とはいっても，日本の税制は所得税法37条《必要経費》や，法人税法22条３項の「別段の定め」として引当金法定主義ですからね。

柳澤：引当金はあくまでも海外発行体の話で，要は工事進行基準じゃないですが，開発ロードマップって，ホワイトペーパーやトークンセール規約にも書きます。５年間で完成するので，最初に５年分負債，前受金で計上しておいて，５分の１ずつ収益に落としていけばいいかみたいな議論も結構海外ではしています。

酒井：ユーティリティトークンの話ではありませんが，そもそも何か損失が出た場合に，例えばICOで損失したとか，あるいは詐欺に遭ったとか，よくあるケースですけれど。その場合，雑損控除の対象になるかという，また別の論点もあるんですよね。

　言ってみれば，詐欺は雑損控除の対象にならないんですよね。雑損控除の対象は災害，盗難，横領なので。盗難だったらまだ分かるんですけれどね。

柳澤：だから，コインチェックの時も雑損控除になると言っていた人がいましたが，僕は絶対ならないと言っていました。

7 仮想通貨の定義

酒井：あと，もう1つの問題としては，先ほど仮に支払決済手段じゃないと位置付けられた仮想通貨は，個人の場合，譲渡所得の可能性もあり得ると言いました。けれど，そこにはもう少し話の続きがあって，仮に譲渡所得の対象となる資産だとしても，それが生活に通常必要でない資産に該当すると，今度は，他の所得との通算ができなくなっちゃうんですね，その赤字の譲渡所得は。

　ここで，仮想通貨は生活に通常必要な資産と言えるのかという問題が生じます。要するに，またそこで，「いやいや，生活にも使っているんです」と。「これはビックカメラで何か買えるんです」という議論をすると，いや，「それは支払決済手段としての仮想通貨の話であって，今話をしようとしているのは違いますよね。何かヘッジのためだとか，あるいは投資のためですよね」と言った瞬間に生活に通常必要な資産とは言えなくなってくる可能性があります。

　ましていわんや，ゲームコインみたいなのもあるじゃないですか。そうすると，もう遊興のためというか，趣味・娯楽・保養のためという要件に入ってしまって，結局赤字の譲渡損失は他の所得と損失ができないという話になって，二重，三重にこういう議論が待っているわけなんですよね。

柳澤：だから，税法はたぶん，外貨か有価証券に寄せればいいと思っていまして，仮想通貨は外貨に準じて取り扱うとか。それか，ビットコインのようないわゆるバリュートークンは支払決済手段，証券性のあるセキュリティトークンは有価証券と二分して寄せるとか。

酒井：アメリカでは何かちょっとセキュリティ扱いみたいな感じになっていると思うんですよね。

柳澤：そうです。おっしゃるとおりです。だから，それが一番条文として簡単じゃないかなと思っています。

酒井：簡単なんですが，今後，仮想通貨が世の中の市民権をどこまで得られるかというと，有価証券と同じようには見られないと思われます。日本の場合，租税法上の有価証券は借用概念なので，結局は金商法で決定されるので，金商法の中でゴーサインが出ない限りは，租税法だけでは難しいですね。

柳澤：有価証券に準ずるのが難しいとしたら，外貨に準ずるという考えはどうですか。外貨建て取引に準じて取り扱う。

酒井：それはあり得るような気がします。もともと税務当局が雑所得と言っているのも，念頭には外貨と同じように扱っているという考えがあったのかなとは思っています。そういう面もあるんですよね。

柳澤：一番最初のイメージは，やっぱりビットコインは外貨に準ずると思っていたんですよね。だけど，外貨の所得税法上の定義，税法上の定義に，外国で発行された云々みたいなものがあるので，ビットコインは外国じゃないから外貨には当たらない。

酒井：外貨じゃないでしょうね。

柳澤：でも，どこかの国で標準通貨をビットコインにしたら外貨になるよねと言っている面白い人達もいます。話を戻すと，だから，結局，現時点で仮想通貨は外貨に「準じて」取り扱いますよという条項を入れれば。

酒井：ただ，外貨ということは外国貨幣ですよね。そもそも，外国との要件をクリアできたとしても貨幣に準ずるものと言えるかですよね。少なくとも強制通用力はないですよね，通貨と違って。あとは，価値保存機能というのも必ずしも十分ないですよね。要するに，価格が安定していないので。

柳澤：それを言ったら，新興諸国の為替も不安定ですよね。

酒井：まあ，それはそうなんですけれど。例えばジンバブエの貨幣がそうだったのと同じかもしれませんけれどね。そうですね。それは程度の問題だということで説明はつくかもしれませんけれど，強制換価可能性みたいなものですかね。

柳澤：あとは最近の仮想通貨界隈の企業家さんの動向としては，これだけ資金決済法がうだうだやっているのであれば，もう資金決済法から外れちゃえばいいんじゃないか，という発想もあります。

酒井：どういうことですか。

柳澤：金商法のフレームワークにのせようとしているんですよ。それはつまり，セキュリティトークンを発行しようということです。

酒井：なるほどね。もうセキュリティに寄せちゃうわけですね。

柳澤：そうです。資金決済法2条《定義》5項に仮想通貨の定義があって，1号仮想通貨，2号仮想通貨がありますけれど，その1号にも，2号にも触れない建て付けにすればいけるんじゃないかという議論が1つあります。あと実は，平成29年（2017年）に日本でもセキュリテ

ィトークンのようなトークンがすでに出ているんです。

酒井：そうなんですか。それはどういう扱いになっているんですか。

柳澤：ドライブジー（Drivezy）という案件なんですけれど，インドの車に投資して貸して，収益を分配するというものです。いわゆる匿名組合出資に非常に似ているんですけれど。そのときに金商法の二種の業者や仮想通貨交換業者に売らせていないので，金商法や資金決済法に抵触しないのかという議論もあるのですが，金商法上はみなし有価証券の定義の中に，「金銭」と書いてあるんですよ。おそらく，仮想通貨は「金銭」の定義に当てはまらないという解釈だと思います。

8 「仮想通貨」のこれから

酒井：なるほど。で，金商法違反にもならないという説明があるんですか。
　以前に，何名かの仲間と仮想通貨実務家協会というのを起ち上げて，シンポジウムをやったんですね。そのテーマの副題を「仮想通貨熱の冷めた後」としたのです。熱が冷めたとしても仮想通貨は続いていく。ただ，今後はブロックチェーンが中心になっていくんだろうというようなことを議論しました。もうユーティリティトークンは終わったという感触ですか。

柳澤：僕はそう思ってます。ただ，私は，ICOでも絶対に生き残るものがあると思っています。要するに，ガチガチのブロックチェーン系のプロジェクトはお金が集まるんですよ。だから，イーサリアムなんかは，古参のエンジニアたちみんな結構実際に使ってたじゃないですか。投資家というよりユーザー。そういう本流は残ると思っています。仮想通貨を集めて何かサービス提供しますよというのは，そもそも単

純な資金調達で収益を出すためにやろうとしていて，クリプトのレイヤー構造で言うと上の階層なんですよね。だから，そういうのはやっぱりセキュリティトークンの方がいいよねという流れになっていくと思います。つまり，ユーザー向けのトークンはICO，投資家向けのトークンはSTOと二分していくのではないかということです。

酒井：そうでしょうね。
　　　ところで，ビックカメラとか，エイチ・アイ・エスとかが仮想通貨が使えますとアナウンスしていますけれど，あの実態はどうなんでしょうか。利用者はどれくらいるのでしょうか。

柳澤：結局，ほとんど使われなかったらしいですね。平成29年（2017年）にビットフライヤーがビックカメラとか，丸井とかに提供しましたよね。あれは結局，ビットフライヤーが面倒くさいことを全部引き取っていたらしいですね。だからビックカメラは楽ちん，ピッとやってもらうだけで。裏方のJPYの換金とか，そのコストとかは全部ビットフライヤーが持ちますみたいな実証実験だったみたいですけれど。

酒井：そうだったんですか。じゃあ，あまりあれが広まっていくような見通しはなさそうですか。

柳澤：これは税理士目線だからちょっと斜めからの見方かもしれませんけれど，ユーザーにとって利確になっちゃうのは嫌ですよね。だって，ピッとやった瞬間に所得税発生というのでは気持ち悪くて使いづらくてしょうがない。僕は使わないですもん，やっぱり面倒くさいから。Suicaの方が気持ちいい。

酒井：331人という数字についてはどうでしょうか。「億り人」なんて言

って確定申告をした人はいっぱいいるように伝えられていますけれど，実際のところはどうなんでしょうか。どう思います，感覚的に。

柳澤：絶対少ないと思います。もっといるでしょう。

酒井：アメリカなんかでは，結構情報をいっぱい取っているようですが。

柳澤：そうですよね。そんなに難しいとは思えません。ビットフライヤーとか，コインチェックの税務調査に入って，残高なり，送金額なりを一番高額順にソートをかけてCSVで出し，それをUSBメモリーに入れて持って帰ってお尋ねを一斉にバーッと送ればいい。お尋ねって納税者の方はかなりビビりますよね。それで申告を促せば，結構税収は上がるのかなと思うんです。とんでもない巨額の人もいるのでしょうから。

酒井：税務調査や徴収面についてももっとお話をしたかったのですが，そろそろお時間もなくなってきました。本日はどうもありがとうございました。

対談を終えて

あ と が き

　新しい経済事象が生じたときに税制や税務上の取扱いが明確になるまでには時間がかかるのが常である。
　しかしながら，税務上の取扱いが明確にならなくても経済取引や租税法以外の法律改正は待ってくれない。では，社会の変容ののち，税制や税務上の取扱いが明確化されるまでの空白の期間についてのリスクを負うのは誰であろうか。納税者である。しかし，納税者はそのリスクを負う自信がないので，税理士に依頼をする。結局のところ，かかるリスクは税理士に移動することになる。まるでババ抜きのごとくである。
　税制は常に社会経済の後追いとなる。このことは，社会の変容や新たなる経済取引に直接関わる企業や個人にとっては脅威ではあるものの，税理士に頼ればその脅威から免れることができるのである。彼らにしてみれば，税理士制度とはいかにも素晴らしい制度である。
　さて，問題は，転換されたリスクを税理士が背負いきれるかに尽きよう。
　それを乗り越えるために税理士に選ぶことができるのは次の2つの選択肢である。
　A氏はそのようなリスクは引き受けないという選択肢を採用する。
　B氏は，直面した社会経済の変容に関する情報を積極的に収集し，検討を行い，対処方針を自ら決めるという選択肢を採用する。
　B氏の立場を採る税理士にとってみれば，社会経済の大きな変容は，格好の活躍の舞台でもある。ピンチはチャンスである。しかしながら，やはり，チャンスはピンチでもある。そのチャンスをピンチとしないためには，自己研鑽を積むほかあるまい。そこでは，安易な結論に飛びつくのではなく，しっかりとしたリーガルマインドに裏付けられた熟慮が必要となるのである。

本キャッチアップ・シリーズが，Ｂ氏の選択肢と同様の途を選ぶ税理士をはじめとする租税専門家の業務に少しでも役立つことができれば幸甚である。

　平成31年1月

酒井　克彦

≪著者紹介≫

編著者

酒井　克彦（さかい・かつひこ）
中央大学商学部教授（中央大学ロースクール兼担），博士（法学），（一社）アコード租税総合研究所所長，（一社）ファルクラム代表理事
執筆：序章，第3章　理論編Ⅲ・Ⅳ，第4章　対談編
[主な著書]
『レクチャー租税法解釈入門』（弘文堂2015），『アクセス税務通達の読み方』（第一法規2016），『プログレッシブ税務会計論Ⅰ〔第2版〕』『同Ⅱ〔第2版〕』（中央経済社2018），『裁判例からみる法人税法〔2訂版〕』（大蔵財務協会2017），『裁判例からみる所得税法』（大蔵財務協会2016），『クローズアップ課税要件事実論〔第4版改訂増補版〕』（財経詳報社2017），『クローズアップ保険税務』（財経詳報社2017），『クローズアップ租税行政法〔第2版〕』（財経詳報社2016），『スタートアップ租税法〔第3版〕』（財経詳報社2015），『新しい加算税の実務～税務調査と資料情報への対応』（ぎょうせい2016），『附帯税の理論と実務』（ぎょうせい2010），ほか多数。

著者（執筆順）

永井　利幸（ながい・としゆき）
弁護士，片岡総合法律事務所，（一社）アコード租税総合研究所会員
執筆：第1章　入門編
[主な著書・論文]
『Fintech法務ガイド〔第2版〕』〔共著〕（商事法務2018），「売買価格の交渉における注意点と裁判所による売買価格決定のポイント」税理59巻7号（2016），「ビッグデータの利活用とFinTech－その法的課題」NBL1082号（2016），ほか多数。

酒井　春花（さかい・はるか）
（公）日本租税研究協会・IFA日本支部事務局研究員，明治大学大学院経営学研究科博士後期課程，（一社）アコード租税総合研究所会員
執筆：第2章　実務編Ⅰ
[主な著書・論文]
『OECDモデル租税条約〔2017年版〕』〔共著〕（日本租税研究協会2019），「我が国における国外転出時課税制度の創設－国外転出時課税制度における基礎理論－」経

営学研究論集47号（2017）,「非居住者による土地等売買における源泉徴収制度－東京地裁平成23年度判決を契機とする国際課税の一検討－」経営学研究論集50号（2019）,「米国における出国税規定の歴史的変遷とわが国の国外転出時課税制度」税務事例50巻2号（2018）,「仮想通貨に対する所得税法60条の2　国外転出時課税制度の適用可能性」税務事例51巻1号（2019）, ほか多数。

菅原　英雄（すがはら・ひでお）
税理士，菅原経理事務所所長。税務会計研究学会会員，（一社）アコード租税総合研究所研究顧問，元国士舘大学大学院客員教授

執筆：第2章　実務編Ⅱ

[主な著書]
『合併等の税務』〔共著〕（大蔵財務協会2018）,『きちんとわかる移転価格の基礎と実務』（税務経理協会2017）,『クローズアップ保険税務』〔共著〕（財経詳報社2017）,『イチからはじめる法人税実務の基礎〔3訂版〕』（税務経理協会2016）, ほか多数。

秋山　高善（あきやま・たかよし）
共栄大学国際経営学部教授・税理士，（一社）アコード租税総合研究所上席主任研究員

執筆：第2章　実務編Ⅲ

[主な著書]
『テキスト法人税法入門』〔共著〕（成文堂2017）,『Q&A 国境を越える電子商取引等に関する消費税の実務』〔藤曲武美監修〕（日本加除出版2015）, ほか多数。

松岡　章夫（まつおか・あきお）
税理士，東京国際大学客員教授，東京地方裁判所所属民事調停委員，早稲田大学大学院会計研究科非常勤講師

執筆：第2章　実務編Ⅳ

[主な著書]
『平成30年版小規模宅地等の特例』（2018）,『平成30年12月改訂所得税・個人住民税ガイドブック』（2018）,『大幅拡充された事業承継税制の特例のポイント』（2018）（以上，共著，大蔵財務協会）,『クローズアップ保険税務』〔共著〕（財経詳報社2017）, ほか多数。

片岡　義広（かたおか・よしひろ）
弁護士，片岡総合法律事務所所長弁護士，中央大学法科大学院客員教授，肥後銀行監査役，コンフォリアレジデンシャル投資法人監督役員，（一社）アコード租税総合研究所研究顧問
執筆：第3章　理論編Ⅰ
[主な著書・論文]
『Fintech 法務ガイド〔第2版〕』〔共編著〕（商事法務2018），『ブロックチェーンをめぐる実務・政策と法』〔久保田隆編〕（中央経済社2018），「Fin Tech の現状と法的課題第3・4回仮想通貨の規制法と法的課題（上）（下）」NBL 1077号（2016），「ビットコイン等のいわゆる仮想通貨に関する法的諸問題についての試論」金融法務事情1998号（2014），ほか多数。

泉　絢也（いずみ・じゅんや）
千葉商科大学商経学部講師，博士（会計学），（一社）アコード租税総合研究所顧問
執筆：第3章　理論編Ⅱ
[主な著書・論文]
『これ1冊でわかる！仮想通貨をめぐる法律・税務・会計』〔共著〕（ぎょうせい2018），「仮想通貨の譲渡（売却又は使用）と所得税法上の所得区分－外国通貨や為替差損益に対する課税問題も視野に入れて－」税務事例50巻10号（2018），「組織再編成に係る租税回避否認規定と実質的同一性(1)・(2・完)」千葉商大論叢56巻1号・2号（2018），ほか多数。

臼倉　真純（うすくら・ますみ）
（一社）アコード租税総合研究所主任研究員，（一社）ファルクラム上席主任研究員
執筆：第3章　理論編Ⅲ
[主な著書・論文]
『新しい加算税の実務～税務調査と資料情報への対応』〔共著〕（ぎょうせい2016），『クローズアップ保険税務』〔共著〕（財経詳報社2017），『通達のチェックポイント－法人税裁判事例精選20－』〔共著〕（第一法規2017），『通達のチェックポイント－法人税裁判事例精選20－』〔共著〕（第一法規2018），「会計上の『単一性の原則』と法人税法22条4項」税務事例48巻8号（2016），「新たな加算税：期限後申告ないし隠蔽・仮装を繰り返す場合の加算措置」税理59巻8号（2016），「『事業専従者』の判断」税理61巻6号（2018），「仮想通貨と会計処理」税理61巻11号（2018），「持戻し免除の意思表示の推定規定」税理61巻13号（2018），ほか多数。

30年分申告・31年度改正対応
キャッチアップ 仮想通貨の最新税務

平成31年2月15日　第1刷発行

編　著　酒井　克彦

発行所　株式会社 ぎょうせい

〒136-8575　東京都江東区新木場1-18-11
電話　編集　03-6892-6508
　　　営業　03-6892-6666
フリーコール　0120-953-431
URL：https://gyosei.jp

〈検印省略〉

印刷・製本　ぎょうせいデジタル㈱　　　　　　　　　Ⓒ2019　Printed in Japan
＊乱丁本・落丁本はお取り替えいたします。
ISBN978-4-324-10604-4
(5108500-00-000)
〔略号：キャッチ仮想通貨〕